결혼 고민이 뭐니?

크리스천 고민해소 프로젝트 2

결혼 고민이 뭐니?

결혼 예비 학교
결혼 학교   } 결혼 상담 Q&A
신혼 부부 학교
예비 부모 학교

Copyright ⓒ 도서출판 목양 2018

초판 1쇄 인쇄 2018년 8월 20일
초판 1쇄 발행 2018년 8월 25일

지은이 김영한, 신이철, 주경훈 공저
펴낸이 정성준
펴낸곳 도서출판 목양

등록 2008년 3월 27일 제 2008호-04호
주소 경기도 용인시 처인구 양지면 양지리 38-2
전화 070-7561-5247 팩스 0505-009-9585
홈페이지 www.mokyangbook.com
이메일 mokyang-book@hanmail.net

ISBN 979-11-86018-64-4 (03230)

* 본 저작물은 신 저작권법에 의하여 한국 내에서 보호받는 저작물이므로
  무단전재와 복제를 엄격히 금합니다.

* 책 값은 뒤표지에 있습니다.
* 잘못된 책은 교환하여 드립니다.

크리스천 고민 해소 프로젝트 2

결혼 고민이 뭐니?

결혼 예비 학교
결혼 학교   } 결혼 상담 Q&A
신혼 부부 학교
예비 부모 학교

김영한, 신이철, 주경훈 공저

목양

| 차례 |

서문 • 6

I. 결혼 전 고민

1. 결혼 '스드메'를 어떻게 준비해야 하나요? • 13
2. 한 달 월급 170만 원으로 결혼이 가능한가요? • 23
3. 결혼 할 때 중요한 요소는 무엇일까요? • 37

II. 결혼 관계 속 고민

4. 어떻게 해야 결혼 관계가 더 개선될까요? • 51
5. 배우자를 잘 알고 있는 것 같은데 왜 서운하고 싸울까요? • 63
6. 서로에 대한 이해를 증진하며 싸우지 않고 결혼생활 할 수 있을까요? • 71
7. 조금 더 성숙한 관계가 되려면 어떻게 해야 하나요? • 111
8. 좋은 관계로 계속 결혼 생활을 잘 유지하려면 어떻게 해야 하나요? • 119
9. 성경적 부부의 온전한 관계는 어떤 것인가요? • 133
10. 시어머니와의 어려운 시기를 어떻게 이겨낼 수 있나요? • 149

III. 결혼 후 재정적 고민

11. 한 가정의 재정 계획은 어떻게 해야 하나요? • 161

12. 가정의 빚은 어느 정도 있어도 괜찮지 않은가요? • 173

13. 부정직한 수입에 대해서는 어떻게 봐야 하나요? • 183

14. 부채가 있는데 남편은 저축을 하려 해요. 어떻게 해야 할까요? • 189

VI. 자녀 출산과 교육의 고민

15. 태교는 어떻게 해야 할까요? • 199

16. 산후 우울증을 어떻게 이겨낼 수 있을까요? • 207

17. 난임으로 인한 처참한 고통을 어떻게 이겨 낼 수 있나요? • 213

18. 출산과 육아 전쟁을 어떻게 견디어 낼 수 있을까요? • 229

19. 자녀 양육 언제부터 어떻게 해야 하나요? • 239

20. 하나님이 원하시는 자녀 교육은 어떻게 해야 할까요? • 249

21. 미디어가 아이에게 정말 안 좋은가요? • 261

서문

　한국은 세계에서 잘 사는 나라 중의 한 나라입니다. 2017년 세계 GDP 순위에서 11위에 올랐습니다. 그러나 상대적 행복지수는 상당히 낮습니다. 2017년 세계 행복 지수 순위에 한국은 56위였습니다. 다른 나라보다 분명 부유한 나라이지만 국민들의 상대적 행복감과 안정감은 낮습니다. 그런 가운데 젊은이들의 결혼은 늦어지고 있습니다.

　2015년 25-39살 미혼들을 대상으로 미혼율을 알아보았습니다. 여성 미혼율은 35.5%였고, 남성 미혼율은 더 심각한 52.8%였습니다.

　이런 상황 가운데 결혼을 해도 갈수록 이혼율은 급증하고 있습니다. 이혼율 세계 1위가 될 정도라고 합니다. 2쌍의 커플이 결혼을 하면, 1쌍의 커플은 이혼을 하는 이혼율 50%인 나라가 되었습니다.

　2017년 이혼 통계조사에서 신혼부부의 이혼율이 22.4%로 높았지만, 20년 이상 산 부부의 황혼 이혼율도 31.2%로 가장 높은 퍼센트를 차지하였습니다.

　한국보건 사회연구원이 전국 1만 8천 가구의 기혼남녀 1만여 명을 대상으로 조사한 것에 의하면, 젊은 부부 중 기혼여성 39.7%와 기혼남성 29.8%는 자녀가 있어도 이혼을 하겠다고 하였습니다. 특히, 여성들이 이혼을 하는 이유들은 가사와 양육, 돌봄, 가족생활 부담을 예로 들었습니다.

이런 시대 속에 미혼 남녀 2명 중 1명은 10년 후 기존 결혼형태보다는 동거를 하겠다고 하고, 결혼해서 한 집에서 살지만 서로 상관하지 않는 '졸혼'(결혼생활을 졸업)이라는 기괴한 현상도 나타나고 있습니다.

이렇게 예전과 달리 결혼은 동거, 계약 결혼, 졸혼으로 흐르며 결국 헤어지고, 불행한 가정으로 전락하고 있습니다. 이런 불행한 가정은 자녀들에게도 큰 영향을 줍니다. 어린 시절 상처를 받고, 탈선을 합니다. 결손가정에 청소년 범죄율은 점점 더 증가하고 있습니다.

그래서 결혼하는 커플들과 결혼한 신혼부부를 종종 만날 때 나누고 싶은 말들이 많습니다. 분명히 결혼 후 대다수가 불행한 것은 아닙니다. 결혼 전과 후 알콩달콩 잘 사는 커플들이 많이 있습니다.

그런데 간혹 그렇지 않은 커플들과 신혼부부들도 있습니다. 그들의 공통점은 서로를 만나기 전에 그리고 결혼 전에 받은 상처를 치유 받지 못했거나 결혼 준비를 잘 하지 않았거나 자신을 성숙하게 하는 교육과 훈련을 제대로 받지 못한 경우였습니다.

그러므로 우리는 데이트를 하든, 결혼 준비를 하든, 결혼 후 같이 살아가든 계속해서 자신이 어떤 존재인지 점검해야 하고, 그리스도 안에서 온전한 존재가 되도록 노력해야 합니다. 그리고 지혜롭게 앞으로 살면서 어떤 난관이 있는지 가늠해 보고 대비하고 잘 대처해야 합니다.

이 책 〈결혼 고민이 뭐니?〉는 앞으로 커플들이 겪고, 겪게 될 일에 대해 어떻게 대처하고 준비해야 할지에 대한 길잡이가 되기를 소원하며 집필하게 되었습니다.

    정년 전문 사역자 Next 세대 Ministry 대표 김영한 목사, 크라운 재정학교 신이철 대표, 꿈미 대표 주경훈 목사가 결혼예비학교, 결혼학교, 신혼부부학교, 예비부모학교 때 강의하고, 상담했던 내용을 담고 있습니다.

    데이트를 하는 커플, 결혼을 준비하는 예비 커플, 결혼을 한 신혼커플, 그리고 이런 젊은이들을 섬기는 교역자들과 리더들에게 이 책을 적극 추천합니다.

    이 책을 통해 한 사람, 한 사람이 온전하게 세워져 아름다운 가정을 일구어 하나님의 나라를 든든히 세워 나가기를 진심으로 소원합니다.

2018년 8월 10일
김영한, 신이철, 주경훈

크리스천 고민 해소 프로젝트 2

결혼 고민이 뭐니?

결혼 예비 학교
결혼 학교
신혼 부부 학교
예비 부모 학교
} 결혼 상담 Q&A

I
결혼 전 고민

1
결혼 '스드메'를 어떻게 준비해야 하나요?

한 남자와 한 여자가 사랑해서 가정을 이루고 함께 살아가기 위해서는 준비해야 할 것들이 참 많아요. 한국에서는 일명 '스드메'라고 불리는 과정을 거치지요. '스드메'는 스튜디오, 웨딩드레스, 메이크업의 줄임말이에요. 양가 부모님을 모시고 상견례를 하고 나면 본격적으로 이 '스드메'를 결정하고 혼수, 예단, 예물, 예복을 준비하게 되어요.

결혼이라는 한 단어에는 사실 여러 가지 과정이 내포되어 있는데, 미처 알지 못한 두 사람은 결혼식을 준비하면서 상당한 스트레스를 받게 되어요. 양가의 견해 차이로 인해 말다툼도 하게 되고 적지 않은 상처도 받게 되어요.

이 많은 것들(상견례, 스드메, 혼수, 예단, 예물, 예복, 본식)을 어떻게 해야 잘 준비하고 결혼생활을 시작할 수 있을까요? 각 결혼 준비 과정의 크고 작은 내용을 살펴보고 지혜롭게 대처하면 좋겠어요.

상견례

결혼하기로 했지만, 결혼식을 치르기까지 여러 위기에 직면할 수 있어요. 그래서 기도하면서 결혼 준비를 해야 해요. 우선 사랑하는 두 사람이 결혼을 결심하고 결혼식을 준비하기 전 양가의 어른을 모시고 상견례를 해요.

상견례 자리에서 양쪽 부모님들의 의견을 모아 결혼하는 날을 잡지요. 그런데 양쪽 집안의 미묘한 견해 차이로 어려움을 겪기도 해요. 결혼을 허락하지 않겠다는 말이 오가기도 하고, 결혼을 언제 할지 시기를 결정하는 문제와 이런저런 의견 차이로 헤어지는 커플들이 생기기도 해요.

상견례를 치른 뒤 결혼을 준비하는 과정에서 양쪽 집안의 견해차로 힘들어하기도 하지요. 저와 아내는 그리 어렵지 않게 상견례를 치렀어요. 당시 장인어른께서는 뺑소니 사고로 누워 계셔서 장모님만 나오실 수밖에 없는 상황이었어요. 저희 아버지께서 양가 어머니들만 만나 상견례를 치르고 결혼을 진행하도록 하셨어요.

특별한 경우가 아니면 상견례를 하지 않고, 결혼하기는 쉽지 않아요. 그러면 어떻게 해야 상견례를 보다 잘 준비하여 결혼까지 갈 수 있을까요? 그러기 위해서는 각 가정의 입장을 잘 알고 서로 다른 입장일 때는 지혜롭게 조율을 해야 해요. 서로, 충분히 상대방 가정의 의견을 듣고, 소통해야 해요.

스드메

　스튜디오, 드레스, 메이크업을 의미하는 스드메를 잘 선정해야 해요. 신랑에게는 스드메가 그리 중요하지 않지만, 신부에게는 굉장히 중요한 것이예요. 결혼 후 남편이 아내에게 욕을 먹지 않으려면 스드메에 좀 더 신경을 쓰셔야 해요.

　평생 한 번 밖에 하지 않는 결혼을 위한 결혼사진, 드레스, 화장은 신부가 크게 신경 쓰는 부분이기 때문이에요.

　남자의 편의대로 스튜디오, 드레스, 메이크업을 선정하거나 가격이 저렴하다고 그곳으로 결정해서도 안 돼요. 그렇다고 비용을 많이 들여 빚을 져 가면서 스드메를 선정할 필요는 없어요. 단지 가격만 고려하여 선정해서는 안 된다는 의미에요.

　저는 예식장에서 패키지로 다 해준다고 하여서 그렇게 하였는데요. 아내의 드레스는 그나마 괜찮았는데 메이크업은 제가 봐도 그리 마음에 들지 않았어요. 예쁜 아내의 얼굴과 머리가 전혀 어울리지 않았어요. 그래서 결혼식 후 그 날 사진은 거실에 걸지 않게 되었지요.

　웨딩플래너를 이용해도 좋을 것 같아요. 요즘은 크리스천 웨딩 전문 업체들도 많아 잘 선정하면 돼요. 어느 정도 지명도 있는 전문 웨딩플래너를 통해 세밀하게 예식장, 스튜디오, 웨딩드레스, 메이크업까지 잘 선택할 수 있도록 도움을 받을 수 있어요.

3예 신경 쓰기(예단, 예물, 예복)

요즘은 결혼 문화가 많이 바뀌어서 예단, 예물, 예복도 간소화하는 젊은 커플들이 많지만, 결혼은 부모님과 양가의 가족들에게도 의미 있는 일이기 때문에 부모님의 생각과 형편을 잘 고려하고 소통하며 지혜롭게 준비하면 좋아요.

예단

예단은 현물예단과 현금예단으로 나뉘어요. 현물예단 목록은 다음과 같아요.

이불(한실, 명주),
요(면, 목화솜),
베게(면, 메밀 솜),
반상기(한국도자기 7첩),
수저(유기, 은수저),
혼주 반지

위 목록을 꼭 다해야 하는 건 아니에요. 우리나라의 결혼문화이긴 하지만 요즘은 형편에 따라 간소화하여 불필요한 형식은 줄일 수 있어요. 중요한 건 양가 가족과 소통하며 준비하면 되어요. 현금예단도 개인의 예산에 따라 준비하면 돼요. 신부가 신랑의 어머님께 앞으로 잘 부탁드린다는 의미로 드리면 되는데요. 너무 과하게 하지 않아야겠지요.

예물

예물의 목록은 다음과 같아요.

다이아몬드 세트,
패션 세트,
커플링,
신부 어머니 반지

예물은 요즘엔 커플링으로 주로 해요. 커플링은 재정 상태에 따라 준비하면 되어요. 부유한 가정에서 하듯 큰 다이아몬드 반지를 여력이 안 되는데 무리해서 하는 것은 안 되겠지요. 커플링과 별도로 목걸이, 반지, 귀걸이를 세트로 하기는 하는데, 허세를 부리지 않고 현실에 맞게 해야 해요.

예물은 제작만 약 2-3개월이 걸리므로 여유를 두고 고르고 예식 전에 받도록 해야 해요. 그리고 웨딩 촬영에도 반지가 들어간 사진을 찍을 수 있도록 촬영일 2-3개월 전에 고르는 것이 가장 이상적이에요. 무엇보다 서로 의미 있는 간소한 예물을 하는 것이 지혜로워요.

결혼 전 양복을 사려고 아내와 천호동에 있는 백화점에 갔는데 마침 행운권 추첨을 하고 있었어요. 저는 그날 태어나서 처음으로 행운권에 당첨되었지요. 수십만 원을 받게 되어서 그 돈으로 비싸지 않은 결혼반지를 구입하는데 사용할 수 있었어요. 우리의 결혼 과정까지 세세히 살피시는 하나님께서 여러분에게도 이런 축복을 주시지 않을까요?

예복

예복의 목록은 다음과 같아요.

정장 한 벌,
셔츠 2벌,
넥타이

예복은 신부 측이 신랑에게 선물해 주는 개념의 옷인데 대여하기도 해요. 하지만 대여할 경우 촬영과 본식 때만 입을 수 있다는 점을 유의해야 해요. 화려한 드레스를 입는 신부 옆에 함께 서 있을 옷이기 때문에 신랑의 몸에 맞는 것을 대여하지요.
   정장을 맞춤으로 하게 될 시에는 1달에서 2달 정도 제작 기간이 필요하니 미리 촬영 전 준비해야 해요. 최소 두 달 전에 1차 가봉을 마치는 게 좋아요.

한복

한복의 목록은 다음과 같아요.

신부 - 저고리, 치마, 배자, 본견,

신랑 - 저고리, 바지, 배자, 본견,

양가 어머님 - 저고리, 치마, 본견, 홍두깨

한복은 주로 맞춤을 많이 하기도 해요. 결혼식, 폐백, 집에 인사 갈 때 총 3번 입고 앞으로도 입을 수 있으므로 대여보다는 맞춤으로 하는 것도 훨씬 경제적이에요.

맞춤 한복은 제작에만 한 달에서 두 달이 걸리기 때문에 미리 해 놓아야 해요. 앨범촬영 전에 완성이 된다면 촬영 때도 한복을 입고 찍은 사진을 넣을 수 있어요. 그래서 촬영 날이 잡히면 그 날짜로부터 2-3달 전에 맞추는 것이 좋아요!

대여하는 경우도 있는데 일반과 맞춤으로 나뉘어요. 맞춤은 사이즈를 측정해서 기성품을 맞추는 것으로 일반대여보다는 가격이 조금 더 비싸요. 하지만 맵시가 더 좋은 한복을 입을 수 있어요.

일반적으로는 원래 있는 한복의 다양한 사이즈를 보고 빌리는 거예요. 한복은 양가의 부모님들을 해 드리면 좋아요. 하지만 형편과 상황을 고려해서 결정해야 해요.

본식

이렇게 순차적으로 여러 가지가 준비되면 드디어 결혼식을 치르게 되어요. 그러나 결혼식 당일은 정말 정신이 없어요. 그래서 결혼학교를 수강하는 커플들에게 체크리스트를 꼭 작성하라고 해요.

신랑과 신부는 결혼식을 오랫동안 준비해도 현실처럼 다가오지 않다가 결혼식 당일이 되면 정신이 없어요. 결국, 당황하게 되고, 실수도 하고, 서로 잘못을 떠넘기기도 해요.

수많은 사람들의 축하와 환호 속에 1시간도 채 안 되는 예식을 진행해요. 그러나 그 시간은 마치 멈춘 것 같이 길게 느껴져요. 긴장해서 결혼식 때도 이런저런 실수를 연거푸 해요. 그러니까 본식을 잘 치르고, 실수하지 않기 위해서는 체크리스트를 작성해 놓아야 해요. 당일은 제정신이 아니니 적어 둔 것을 보면서 챙겨야 해요.

신혼여행을 떠날 때도 양가 어른들께 전화를 드려야 해요. 주례를 섬겨 주신 분들에게 문자로라도 인사를 드리고요. 가족들과 친척들 단체 카톡 창에 감사의 메시지라도 드리고 떠나야 해요.

결혼식을 나름 준비하고 치르고 난 뒤 신혼여행을 떠나는데요. 대부분 신혼여행 때 작은 일로 마음 상해서 싸우기도 해요. 결혼식 전에 서운한 것이 생각나고, 결혼식 당일 챙기지 못한 것에 대해 서로 책임을 전가하기도 해요.

그동안 준비하면서 쌓였던 긴장감이 풀리면서 말실수를 할 때도 있고, 지쳐서 서로를 보호해 주기보다는 예민하게 서로의 말과 행동을 받아들이기도 해요.

저와 친한 박훈 목사님과 사모님은 신혼여행 후 돌아와서 부모님께 인사를 드리러 가면서 크게 다투었다고 해요.

당시 시부모님댁은 걸어서 5분 정도 되는 거리였는데요. 박 목사님은 가볍게 입고 가서 인사드리고 쉬자고 하고 사모님은 한복을 입고 가자고 했대요. 남편은 편하게 가자고 한 것이고, 사모님은 그러면 안 되니, 한복을 갖춰 입고 가야 한다는 거였어요.

별것도 아닌 것 같은 이 일로 언성이 높아졌고 사모님이 울었다고 해요. 박훈 목사님은 '프러포즈할 때는 안 울더니, 왜 갑자기 울지…' 잠깐 생각을 해봤지만, 아무리 생각해도 그 상황을 이해할 수 없었어요.

결국, 박 목사님은 결혼 전처럼 편하게 트레이닝복을 입고, 사모님은 풀 메이크업에 머리 세팅까지 유지하고 갔다고 해요. 새신랑은 트레이닝복을 입고 새 신부는 한복에 풀 메이크업 세팅까지 하고 갔으니 부모님이 봤을 때 이상했을 거예요. 그때서야 박 목사님도 뭔가 이상함을 느끼고 친정 부모님 댁에 갈 때는 한복으로 갖춰 입고 인사를 드렸다고 해요.

결혼한 뒤에 며느리로 처음 인사를 드리는 것이기 때문에 사모님은 풀 메이크업에 한복으로 예쁘게 갖추어 입고 가고 싶었던 거예요. 그렇듯 결혼한 뒤에는 신랑도 그처럼은 아니더라도 어느 정도 옷을 차려입고 인사를 드리러 가야 해요.

박 목사님은 나중에서야 사모님이 부모님께 잘하려고 예의를 갖추고자 한 것인데 그걸 그렇게 이해를 못 했나 후회했다고 해요. '한복 잠깐 갈아입는 게 그렇게 어려운 일도 아닌데 이런 사람과 아내가 결혼했구나…'라는 미안한 마음이 들었던 거예요.

이렇게 결혼할 때 상견례, 스드메, 혼수, 예단, 예물, 예복, 본식을 잘 준비하고, 결혼식을 치러야 해요.

2
한 달 월급 170만 원으로 결혼이 가능한가요?

'저는 한 달에 170만 원 벌어요. 이런 돈으로는 혼자 먹고 살기도 힘든데, 제가 결혼을 할 수 있을까요? 아니 해도 될까요?'

이런 질문을 받을 때가 있는데 솔직히, 쉽지 않은 질문이에요. 이런 질문을 받으면 제가 결혼할 때 얼마를 벌었었는지 돌아보게 되어요. 확실하지는 않지만 거의 100만 원 정도였던 것 같아요.

그런데 무슨 용기로 결혼을 했는지 의문이기도 해요. 당시 제 수중에 있는 돈은 300만 원이 전부였어요. 전세 구할 돈도 없어서 은행 대출로 월계동에 있는 4천만 원 집에서 신혼을 시작했어요. 어느 날 설거지를 하는 아내에게 물었어요. "뭘 믿고 아무것도 없는 나랑 결혼했어요?" 아내는 뒤도 안 돌아보고 대답해 주었어요.

"사랑하니까요!"

그래요. 결혼은 돈으로 하는 것이 아니에요. N포 세대를 살아가는 청년들이 가장 먼저 포기하는 것이 결혼이에요. 결혼을 포기하니 자연스레 연애, 출산 등을 포기하게 되어요. 하지만 그 전에 이것을 기억하기를 기대해요. 결혼은 돈으로 하는 것이 아니라 사랑으로 하는 것이에요. 돈을 먼저 운운한다는 것은 사랑을 시작하지도 않은 사람들의 변명일 뿐이에요.

하지만 사실, 결혼 생활에 있어서 돈은 필수적인 것이고 또 많이 들어가기도 해요. 물질은 분명 중요해요. 그렇기 때문에 부모로부터 경제적 독립이 이뤄지지 않았다면 결혼을 해서는 안 되며, 이 부분에 대한 성경적 기준이 필요해요.

하늘에 나는 새는 중력의 영향을 받고, 물속에 물고기는 부력의 영향을 받듯이 세상 속에 살아가면서 우리는 물질의 영향을 받게 되어 있어요. 더군다나 요즘에 가정생활을 공개하는 예능 프로그램이 많아지면서 자연스럽게 그들이 살아가는 환경과 우리의 환경을 비교하게 되어요.

그러면서 비현실적인 삶의 기준을 가지고 살아가는 청년들이 늘어나고 있어요. 그런 연예인들의 삶과 비교하지 마세요! 그들과 같은 조건을 지녀야 행복한 데이트를 시작할 수 있는 것이 아니에요. 행복한 데이트와 결혼을 위한 객관적인 조건이란 것은 없어요. 행복을 위한 조건은 각자가 맞추어 가는 것이에요.

TED의 유명 인기 강사이자, 자기계발 분야의 교육 퍼블리싱 기업, 마인드 밸리의 CEO 비셴 락히아니(Vishen Lakhiani)는 성공과 행복에 대한 공식을 뒤집어 설명해요. 일반적인 사람들은 다음과 같은 공식을 따르죠.

노력 → 성공 → 행복

그래서 많은 사람들이 노력과 성공에 집착해요. 데이트와 결혼도 마찬가지예요. 무엇인가 노력하여 성공하고, 만족할 만한 것을 가지고 있어야 행복한 데이트와 결혼 생활을 할 수 있다고 생각해요. 하지만 만족할 만한 성공이란 존재하지 않아요. 인간의 끝없는 탐욕은 자신도 모를 성공을 날마다 추구하죠. 우리는 공식을 이렇게 뒤집어야 해요.

행복 → 성공

행복이 먼저예요. 일단 건강한 데이트를 시작하세요. 사랑을 시작하세요. 하나님 안에서 진정한 사랑을 시작할 때 제 말을 이해하게 될 거예요. 사랑을 시작하지 않고서는 알 수 없는 것들이 우리 삶에는 너무나 많아요.

행복한 데이트의 시작

그렇다면 어떻게 행복한 데이트를 시작할 수 있을까요? 여기서 잠시 명확히 해두고 넘어갈 것은, 행복이란 지금의 감정에 충실하자는 말이 아니라는 거예요. 행복이란 말이 자칫 자신의 감정에 충실한 것으로 오해되고 있어요. 아니에요. 감정은 좋은 것이나 조심해서 다루지 않으면 위험할 수 있어요. 감정을 뜻하는 영어 단어 'emotion'은 'e'와 'motion'으로 구성되어 있어요. 즉 감정이란 'e' 모양으로 뱅글뱅글 움직이는 것

(motion)과 같아요.

열 길 물속은 알아도 한 길 사람 속은 모르는 법이에요. 고로, 진정으로 행복한 데이트와 결혼 생활을 위해서는 데이트와 결혼에 관한 지침을 알고, 따라야 해요.

그래서 우리에게는 데이트와 결혼에 대한 매뉴얼이 필요해요. 창세기 2장 18절은 데이트에 대한 가장 명확한 메뉴얼이에요. 저는 이 말씀을 너무나 좋아해서 2월 18일에 결혼을 했고, 주례 목사님께 창세기 2장 18절로 주례해줄 것을 부탁드렸어요.

자, 그렇다면 행복한 결혼을 위한 3대 영양소에 대해서 살펴보도록 하죠.

1) 돕는 배필이 되어라!

"여호와 하나님이 이르시되 사람이 혼자 사는 것이 좋지 아니하니
내가 그를 위하여 돕는 배필을 지으리라 하시니라"

(창세기 2:18)

남자와 여자를 만드신 분은 하나님이세요. 하나님은 관계적인 분으로서 인격적으로 관계를 맺어 가세요. 결혼생활 역시 마찬가지예요. 하나님이 천지를 창조하신 이후에 모든 것이 보기 좋았으나 한 가지 좋지 않아 보이는 것이 있었는데 바로 아담 혼자 있는 것이었어요.

그래요. 혼자 있는 것은 좋지 않아요. 단순히 남녀 간의 관계를 말하는 것이 아니라 사람이 혼자 있는 것은 좋지 않다는 의미라고 볼 수 있어요. 더욱이 젊을 때는 그러해요.

에릭슨(Erik Homberger Erikson)은 심리 사회 발달 이론을 8단계로 나눠서 말해요.

1) 1단계: 신뢰 대 불신
2) 2단계: 자율성 대 수치심(출생-1세)
3) 3단계: 주도성 대 죄책감(1세-3세)
4) 4단계: 근면성 대 열등감(7세-12세)
5) 5단계: 정체감 대 정체감 혼미(12세-18세)
6) 6단계: 친밀감 대 고립감(19세-40세)
7) 7단계: 생산성 대 침체성(40세-65세)
8) 8단계: 통합성 대 절망감(65세 이상)

그중에 6단계가 젊은 시기 가장 중요한 과업은 '친밀감'을 형성하는 것이라고 했고, 이를 실패할 때 '고립감'에 빠진다고 했어요.

젊은 시기는 사회인이 되는 시기로서 무엇보다 중요한 것은 사람과의 친밀감을 형성하는 것이에요. 건강한 친밀감을 형성하지 못하면 스스로를 고립시키고, 특별히 이성과의 교제 혹 부부 사이에 있어서 친밀감을 형성하지 못할 때, 스스로를 사랑하는 사람으로부터 고립시키는 결과를 가져와요. 그래서 데이트 혹 결혼을 포기하는 젊은이들이 많아지고 있어요. 안타까운 일이 아닐 수 없어요.

서로 다른 두 사람이 만나 힘들어하는 많은 커플들을 보았어요. 데이트를 시작하려고 하는 청년, 데이트 중인 청년, 결혼을 준비하는 청년, 결혼 한 신혼부부 등 많은 커플들이 내놓는 문제는 각양각색이에요. 그런데 신기하게도 그 모든 문제의 원인은 결국 하나였어요.

바라는 배필 vs 돕는 배필

하나님이 원하시는 결혼은 서로에게 돕는 배필이 되는 것이에요. 그런데 사람은 '돕는 배필'이 아닌 '바라는 배필'을 요구해요. 바라는 배필이란 나 자신을 위하여 상대가 이러저러한 것을 해 주는 사람이 되어 주기를 바라는 마음이에요.

한 결혼 전문 기관에서 이상적인 배우자의 조건에 대해서 조사했어요.

출처: 듀오휴먼라이프연구소

이런 조건에 맞는 사람이 얼마나 있을까요? 또한 이런 조건의 사람을 만난들 과연 행복할까요? 계속해서 바라는 배필을 원할 경우 만족은 없어요. 바라는 배필은 다음과 같은 세 가지의 문제를 안고 있어요.

첫째, 바라는 배필을 추구할 경우 행복을 위한 모든 조건은 상대방에 의해서 결정되어요. 위와 같은 상대를 만나면 행복해지고, 그렇지 않은 상대일 경우 불행할 것이라고 생각해요. 즉, 자신의 데이트와 결혼의 성공 여부가 만나는 상대의 조건에 있다고 생각해요. 이처럼 어리석은 생각이 또 어디에 있을까요?

주경훈 목사님은 같은 초등학교, 같은 교회에서 자란 사모님과 10년간의 연애를 하고 결혼을 했어요. 두 분은 생긴 것도 닮았고, 취향과 성품도 닮았어요, 결혼 전까지는 말이죠.

두 분은 결혼 생활을 정말 잘할 줄 알았어요. 하지만 이런 기대가 깨지는 데는 결혼 후 1주일도 안 걸렸어요. 신혼여행 이후부터 10년간 싸우지 않았던 것을 보상이라도 받기를 원하듯이 열심히 싸웠어요. 이유를 알 수가 없었어요. '결혼 전에는 완벽했는데 결혼 후에는 왜 이렇게 달라졌을까요?'

그러다 한때 잠시 결혼이 불행하다고 생각하게 되었어요. 그러다가 어느 날 문득 성경을 보다가 이유를 알게 되었어요. 돕는 배필이 되려고 하지 않고 바라는 배필이 되려고 했던 거였어요.

결혼 이후에 주 목사님은 아내는 남편의 돕는 배필이 되어야 한다고 생각했기 때문에 그 역할을 강요했어요. '이것도 해주고, 저것도 해주고, 이것은 왜 안 해주고, 저것은 왜 안 해주고….' 주 목사님만 그런 것이 아니라 사모님도 남편 주 목사님에게 돕는 배필로서의 역할을 강요했어요. 그러니 서로 갈등이 늘 있을 수밖에 없었어요.

돕는 배필의 역할은 상대방에게 무엇을 강요하는 것이 아니라, 자신이 상대방의 약점을 도와주며 살아가는 거예요. 내가 먼저 상대방에게 돕는 배필의 역할을 해야 해요. 돕는 배필로 살아갈 때 마법처럼 결혼 생활의 모든 문제는 사라져요.

둘째, 바라는 배필은 대부분 자신의 콤플렉스 보상에서 시작되어요.

많은 심리학자가 사람들이 배우자를 선택하는 이유에 대해서 연구했어요. 그중에서 많은 학자로부터 지지를 얻는 이론 중에 하나가 바로 콤플렉스에 대한 보상심리예요.

즉, 어릴 때 부모로부터 마땅히 받았어야 하는 것을 누리지 못한 사람들은 특히 배우자로부터 보상받기를 원해요. 그래서 그 부분을 채워줄 사람들에게 매력을 느껴요. 그래서 신기하게도 결혼을 하고 나면 꼭 나의 부모와 닮은 사람과 결혼을 해요. '나는 절대로 나의 아빠와 같은 사람과는 결혼하지 않을 거야!'라고 수없이 다짐했던 딸은 결혼 이후에 정신을 차리고 보니 자신의 아빠와 같은 사람과 살고 있는 경우가 있어요.

주 목사님은 사모님에게 돕는 배필로서의 역할을 강요했고, 특별히 엄마로서의 역할을 강요했어요. 엄마처럼 밥도 맛있게 해 주고, 옷도 내놓으면 척척 빨고, 다리미로 깔끔하게 다려주고, 주 목사님이 힘들 때 위로하고 안아주고, 엄마가 했던 것처럼 집은 항상 정돈되어 있어야 했어요.

이렇게 주 목사님은 사모님에게 엄마로서의 역할을 강요했어요. 주 목사님은 대체 누구랑 결혼한 걸까요? 맞아요. 심리적으로는 아내가 아닌 엄마랑 결혼한 거예요. 어릴 때 동네에서 유명한 개구쟁이였던 주 목사님은 늘 형을 이겨야 직성이 풀렸고 한번 마음을 먹은 것은 꼭 이루어야 했던 성격이었어요.

이런 기질을 우려하신 부모님은 주 목사님을 엄격하게 키우셨어요. 아버지는 온화한 성품이시라 어머니가 주로 엄격한 부모 역할을 하셨어요. 그래서 주 목사님 기억에는 어머니가 따뜻하게 안아 주신 경험이 한 번도 없었어요. 이것이 주 목사님에게는 콤플렉스였어요.

그래서 주 목사님은 무의식중에 어머니와 닮은 여인을 찾아 사랑에 빠졌고 어머니에게 충분하게 받지 못했던 역할을 강요했던 거예요. 사모님을 통해서 어머니에게 받지 못했던 사랑을 받길 원했던 거예요. 이러한 바라는 배필의 관계 속에서는 상처만 남게 되어요. 하지만 돕는 배필이 되는 순간 결혼 관계를 통해서 나의 콤플렉스가 극복되어요.

셋째, 바라는 배필을 추구할 경우 모든 싸움의 원인을 상대방에게 돌려요. 연애 중이든, 신혼이든, 중년이든, 노년이든 모든 커플 간의 싸움을 살펴보면 결국, 원인은 '왜 바라는 대로 해 주지 않느냐'는 것이에요. 이런 식의 싸움은 결국 '네가 먼저 그렇게 해봐. 그러면 내가 그렇게 해 줄게!'로 끝이 나요.

지금 생각해보면 주 목사님의 신혼 생활의 문제들은 정말 유치해서 말하기도 창피하다고 해요. 초보 남편, 초보 아내였던 두 분은 이제 막 부부로서 첫발을 내디딘 상태였어요. 운전을 처음 하게 되면 시야가 좁아서 앞만 보고 가는 것도 힘이 들지요. 앞뒤 좌우, 교통의 흐름을 볼 수 있어야 노련한 운전자가 되는 것처럼, 주 목사님은 그때 정말 초보 남편으로서 단 한 가지, 아내의 문제만 보였던 것이죠.

'왜 말을 그런 식으로 해'
'밥 좀 먹자. 빨리 좀 해 줘'
'당신은 너무 감성적이야'
'내 양말 어디 있어? 아직도 안 빨았어?'

지금 생각해 봐도 왜 이렇게 말을 했는지 창피하다고 해요. 사모님을 바라는 배필로만 바라보고, 바라는 대로만 해 달라고 조르기만 했다고 해요.

결국 바라는 배필의 구조 속에서는 행복할 수가 없어요. 그래서 하나님은 서로에게 돕는 배필로 살아갈 것을 말씀하셨어요. 돕는 배필의 경우 위에서 언급한 바라는 배필의 모든 문제를 극복할 수 있어요.

돕는 배필은 서로의 문제와 약함으로 인한 관계의 문제를 느끼지 않아요. 도리어 서로의 문제가 보일 때마다 사랑을 실천하여 상대방의 약점을 채워 주는 것으로 자신의 존재함을 느껴요.

하나님께서 이 자매/형제를 만나게 하신 이유와 목적을 서로의 약점을 발견할 때마다 느끼는 거예요. 자신의 콤플렉스를 보상받기 위해서 상대방을 만나는 것이 아니라 상대방의 콤플렉스를 보듬어 주기 위해서 만나야 해요.

유영만 교수님은 약점(弱點)은 약점(藥店)이라고 말했어요. 즉, 서로가 서로에게 돕는 배필이 될 때 서로의 약점(弱點)은 서로를 즐길 수 있는 약점(藥店)으로 변할 수 있다는 거예요. 돕는 배필의 경우 정말 그래요. 서로의 약점(弱點)은 서로 돌봐 주고 함께 해 주면서 경험하는 약점(藥店)이 될 수 있어요.

2) 평등한 관계를 유지하라!

남녀 간의 관계는 서로 인격적으로 평등한 관계에요. 이것은 관계의 기초로써 평등하지 않은 상태에서는 진정한 사랑이 불가능해요. 그런데 커플들을 만나다 보면 이런 기초가 없이 스스로를 종으로 만들려고 하는 경우가 있어요.

결혼할 때 유명한 공식 중에 ABCD 법칙이 있어요. 위에서 언급한 한 결혼 기관의 배우자 조건처럼 남녀를 조건에 따라 ABCD로 나누어요. 그런데 남자 A는 배우자를 선택할 때 BCD에서 선택하는 경향이 있어요. 남자는 존경심을 먹고 자라는 존재이기에 자기보다 월등하거나 비등한 여자와는 결혼을 피한다는 것이에요. 남자 B는 여자 CD에서 선택하고, 남자 C는 여자 D를 선택해요.

반면 여자 A는 만날 남자가 없어져요. 여자는 보통 자신보다 더 높은 조건의 남자를 선택하는데 그럴 만한 남자가 없어져요. 그래서 결국 찌질한 남자와 고(高)스펙의 여자가 남게 된다고 해요. 말도 안 될 것 같은 이와 같은 이야기가 보통 세상에서 흔히 볼 수 있는 현상이에요.

그런데 교회 공동체에서도 결혼하지 못하고 끝까지 남아 있는 청년들을 보면 남자의 경우 별 볼 일 없고, 여자의 경우 고학력의 고스펙의 사람들이에요. 고학력, 고스펙의 자매들이 결국 결혼할 사람이 없으면 늘 마지막에 하는 말이 '사모라도 할까 봐…'에요. 곧, 죽어도 자신보다 조건이 나쁜 남자와 결혼할 수는 없고, 목회라는 거룩한 영역으로 자신의 삶을 승화시켜 보려고 하는 거예요.

위와 같은 모든 관계는 평등한 관계가 아니에요. 남자는 자신보다 못한, 여자는 자신보다 나은 존재를 추구한다면 의식하지 못하겠지만 이것은 배우자의 선택과 출발부터 수평적인 관계가 아니에요. 수직적이고 종속적 관계로 시작하는 거예요.

특히, 한국은 사고의 흐름이 어느 나라보다 빠르게 변화하는 사회예요. 쌍둥이도 세대 차이를 느낀다고 할 정도로 사고의 전환이 빠르죠. 특별히 부모와 자녀와의 결혼관의 차이는 어마어마해요. 결혼을 준비하는 청년의 경우 부모세대와는 다르게 부모의 개입을 싫어하고 독립적인 삶을 추구해요.

그런데 물질적인 부분에 대해서는 전통적인 것을 고수하고 있어요. 부모가 당연히 집을 해 줘야 하고, 당연하게 많은 도움을 주길 기대해요. 가치관이 혼돈된 것인데, 이렇듯 가치관이 혼돈될 때 사람은 상황에 따라 자신에게 유리한 쪽을 가져다 사용해요. 도움이 필요하면 부모에게 당연하게 손을 벌리지만, 조언을 하려고 하면 결혼은 당사자의 문제이니 간섭하지 말라고 하는 거예요.

이건 말도 안 되는 소리에요. 부모의 간섭이 싫다면 도움을 당연하게 여기면서 받을 생각을 하지 말아야 해요. 반상회에서도 내 돈이 들어가면 의사결정뿐만 아니라 관심을 가지게 되는데, 부모에게 도움을 받는 순간 수직적으로 관계를 세우는 것이에요. 독립적인 삶을 살길 원하나요? 부모에게 손을 벌리지 말고 스스로의 삶을 꾸려 가야해요.

성경적 바른 커플은 인생을 수평적으로 세워가는 방법을 배워야 해요. 평등한 관계에서만 인격적인 관계를 맺을 수 있어요. 결혼을 통한 신분 상승을 꿈꾸지 마세요. 적지 않은 청년들이 결혼을 통해서 신분 세탁을 하려고 하는데 이런 결혼이 행복할리가 없어요. 결혼이란 서로 평등한 관계 속에서 서로를 세워가는 과정이에요.

주경훈 목사님은 초등학교 후배인 사모님과는 한 동네에서 자랐어요. 주 목사님은 대학생 때 주일학교 고등부 교사로 봉사했는데, 그때 사모님은 주 목사님의 반 학생이었어요. 사모님께서 고등학교를 졸업하자마자 교제를 시작하여 10년 연애 끝에 결혼했어요.

사모님은 심리학을, 목사님은 신대원 졸업 이후에 상담학 박사 과정까지 공부했어요. 상담 전문가가 되었어요. 다른 건 몰라도 연애와 결혼만큼은 자신이 있으셨어요. 실제로, 10년간 연애를 하면서 단 한 번 밖에 싸우지 않으셨어요.

그런 환상의 커플이었던 두 분이 드디어 결혼을 하게 되었어요. 그런데 문제는 신혼여행 이후부터 매일 같이 싸우셨어요. 무엇이 문제였을까요? 정말 심각하게 고민하고 또 연구했는데요.

하지만 상담 이론을 추가적으로 배운다고 사모님을 더욱 잘 이해하는 것은 아니었어요. 오히려 날카로운 공격용 아이템을 점점 더 구비하였어요. '상담이론 가운데 이런 것이 있는데 이 이론을 통해서 보면 당신은 이것이 문제인 것 같아요!' 이렇게 생각하고 말하곤 했어요.

결국, 살아가면서 문제가 해결되지는 않았고요. 주 목사님과 사모님은 다시 성경책 펴고, 하나님의 방법에 따르기로 했어요. 돕는 배필이 되기로 다짐한 거죠.

이렇게 돕는 배필이 되기로 다짐하자 다른 것이 보이기 시작했어요. 목사님은 사모님을 도와주고만 있다고 생각했는데요. 슬슬 사모님이 목사님을 도와주고 있는 것이 보이기 시작했어요. 그리고 어느 순간 사모님을 내려다보고 있던 목사님의 잘못된 시각을 깨닫게 되었어요. 그렇게 부족한 목사님의 곁을 지켜주고. 못난 남편을 견뎌준 사모님이 고맙게 느껴졌어요. 그런 마음을 품는 순간, 지금까지 해결되지 않던 문제들이 마술처럼 풀리기 시작했어요. 지금은 다시 10년간의 달콤했던 연애 시절로 돌아간 듯한 생활을 하고 있어요.

하나님 안에서 행복한 데이트를 하세요. 데이트를 통해서 돕는 배필의 삶을 연습하며, 수직적 관계가 아닌 수평적 관계를 맺으세요. 그때에야 비로소 진정한 행복이 시작되기 때문이에요.

3
결혼 할 때 중요한 요소는 무엇일까요?

대화가 되는 것은 기적 중 기적

결혼식 1-2주 전에 커플들을 만나서 늘 하는 질문이 있어요. "힘들지요?" 그럼, 많은 커플들이 서로 다른 곳을 보고, 눈물을 흘릴 때가 있어요. 이런 경우는 대부분 서로 잘 대화가 되지 않고 쌓인 감정이 있다는 거예요.

30대-40대가 넘어서 누군가와 대화가 되는 것은 기적과 같아요. 30분 동안 대화가 편하게 된다면 서로가 통한다는 거예요. 서로가 상대에게 말한 것에 대해 반응하고 함께 하는 것이 당연한 것 같지만 그렇지 않아요.

그럼에도 우리는 상대방의 가정형편, 능력과 사회적 지위를 따지고 실망해요. 그리고는 이런 사람과 결혼해야 할지 고민을 하기도 해요. 부모님과 주위 사람들의 시선에 스스로가 눌려요. 그러나 결혼은 하나님 안에서 서로 대화가 통하는 사람이 한 가정을 꾸려서 행복하게 사는 거예요. 다른 사람의 시선에 맞추어서 불행한 결혼을 하고 사는 것이 아니에요.

저를 포함하여 한국인들 대부분이 대화할 때 약한 부분이 있어요. 자신의 생각, 감정, 의견을 표현하는 것이 서툴러요. 정확하게 의사 전달을 하지 않고, 상대방을 탓하는 경우가 상당히 많아요.

밖에 나가서 먹어요

어느 날 제가 아내에게 "밖에 나가서 저녁 먹어요."라고 카톡을 했어요. 저는 심방이 있어서 못가니까 기다리지 말고 아이들을 데리고 외식을 하라는 뜻이었어요. 그런데 아내는 제가 밖에 나가서 같이 먹자는 뜻으로 알고 기다리고 있었던 거예요. 아내가 기다리다가 제게 연락을 했어요. "밖에 나가서 먹는다고 하지 않았느냐, 왜 집에 오지 않느냐"라고요. 아내는 다행히도 그 상황을 이해해 주었어요. 대신 다음부터는 '주어'를 꼭 넣어서 알려 달라고 했어요.

그 말을 들으니 아내 말이 맞았어요. 한국 사람들은 주어를 생략하는 경우가 많아요. 대화할 때 특히, 카톡, 문자, SNS로 생각을 전할 때 이런 오해는 적지 않아요. 그런데 요즘 문제는 연애할 때는 시시콜콜한 것까지 연락하고 나누지만, 정작 결혼 후에는 대화가 없다는 거예요.

대화를 나눌 때 5단계가 있어요.

1. 일상생활 나누기
2. 사건과 사고 나누기
3. 감정 나누기
4. 생각 나누기
5. 상처 나누기

이렇게 일상생활부터 가슴 속에 깊은 상처까지 부부는 다 나누어야 해요.

말할 수 없는 상처

제자훈련을 받는 청년 중 혜진이가 결혼에 어려움이 있다고 해서 상담을 했어요. 시어머니와 관계가 어려워지고 있다고 했어요.

그 이유는 시어머니가 다니는 교회에서 같이 예배드리자고 하시는데 가지 않았기 때문이에요. 왜 가지 않느냐고 물어보니, 낯선 사람들 앞에서는 게 두렵고 부담스럽다는 거예요. 혜진이는 어릴 때 부모님으로부터 많이 혼나면서 내성적이고 소심한 성격이 되었던 거예요. 이런 상처와 어려움을 남편에게 나누도록 권면했어요. 그런데 혜진이는 그럴 수 없다고 하였어요. 남편에게 이런 얘기를 꺼내는 것은 죽기보다 싫다는 거예요. 하지만 그럴수록 서로 깊은 상처를 나누어야 해요.

달걀 교제

　달걀 껍데기가 부딪치는 것 같은 대화만 해서는 안 돼요. 껍데기만 부딪히면서 서로 마음속 이야기를 감추지 않아야 해요. 결혼 준비하면서 예식장 이야기, 웨딩 촬영 이야기만 해서는 안 돼요.
　서로 달걀의 흰자 같은 기쁜 이야기를 나누고, 노른자처럼 깊은 곳에 있는 마음속 아픈 이야기도 나눌 수 있어야 해요.
　배우자의 태도, 모습, 생각을 읽고, 이해하려고 해야 해요. 에덴동산에서 타락한 인간의 본성은 무엇이었나요? 타락한 이후 인간은 핑계를 대요.

당신 때문이야

　결혼한 후 5년 동안 "당신 때문이야!"라는 말을 제일 많이 했어요. 사역자이면서 남편인 저는 제 아내에게 무슨 안 좋은 일이 있으면 "당신 때문이야!"라는 말을 많이 했어요.
　그렇게 5년이 흐르니 제 아내가 제게 "당신 때문이야!"라는 말을 하는 거예요. 결혼하고 10년 후 자녀들을 낳고, 키우는데 말을 하기 시작할 때였어요. 하음이와 주예에게 가르쳐 주지 않았는데 "엄마 때문이야!"라는 말을 하기 시작했어요. 그때 알았어요. 타락한 인간의 본성에서 나오는 말 중 하나가 잘못을 타인에게 돌리는 경향이라는 것을요.
　그래서 예수님께서는 타락한 우리 본성을 아시고, 예수님의 제자가 될 때 자기를 부인하고 주님의 길을 따르라고 하셨던 것이에요.

대화 없는 sexless 커플

결혼 전에는 조그마한 일도 나누고 웃어요. 그러나 부부가 권태기에 빠지면 대화가 사라지고 TV를 보거나 서로 스마트 폰에 빠져요.

대화가 없어지면서 서로 육체적인 관계도 맺지 않아요. 요즘 부부 사이에 sexless 커플들이 상당히 많아요.

이미 수많은 부부가 배우자가 아닌 애인이 있는 것은 흔한 일이라는데, 왜 그럴까요? 그것은 부부간에 성관계가 없으니 외도하게 되는 것이고 외도하다 보니 부부간에 성관계는 없어지게 되는 거예요.

성에 있어 남편과 다른 여자

결혼 후 배우자가 성관계를 하자고 할 때 충분한 대화 없이 거절하면 배우자는 상처를 받을 수 있어요. 성관계를 하고 싶지 않을 때는 서로 이해할 만큼 몸 상태 혹은 마음 상태를 나눈 후에 거절을 해야 해요.

그냥 하기 싫으니까 싫다고 계속 거절하면, 배우자는 깊은 거절감을 느낄 수 있어요. 이런 거절감으로 인해 관계가 위축되면 다시 육체적 관계의 욕구를 표현하기가 두렵고 거리끼는 마음이 생길 수도 있어요.

의도치 않게 성관계의 벽이 생기고 서로에게 오해와 상처를 줄 수 있어요. 상대방의 요구를 거절하는 데 있어서 상대방을 존중하는 마음과 배려가 필요해요.

또한 남자는 여자를 육체적 관계의 대상으로만 보아서는 안 돼요. 부부의 성관계란 육체적, 정서적, 영적 연합을 의미해요. 깊은 친밀함과 사랑을 표현하는 성관계가 아닌 육체적 관계에 그친다면 온전한 관계가 아니에요.

감정적으로 그리고 영적으로 충분히 나누고 소중히 여기면서 사랑을 나누어야 해요. 또한 일방적인 표현이 아닌 서로 상호적인 표현과 나눔이 있는지 살펴야 해요. 관계 후 아내에게 무관심하고 육체적 욕구를 해소하는 데 그친다면 이 또한 부부간의 어려움이 되어요.

배우자 사이에 익혀야 할 언어

우리는 하루에 셀 수 없이 많은 말을 해요. 그러나 그 많은 말 중에서 유감을 표현하는 말, 책임을 인정하는 말, 보상하는 말, 진실한 뉘우침의 말, 용서 요청의 말은 부재하지요. 그러나 우리는 아래에 있는 말을 반복해서 서로 사랑하는 사람끼리 고백해야 해요.

1) 유감 표명-"미안해요"
2) 책임 인정-"내가 잘못했어요"
3) 보상-"내가 어떻게 하면 좋을까요"
4) 진실한 뉘우침-"다시는 그러지 않을게요"
5) 용서 요청-"나를 용서해 주세요"

이 언어들을 연습해야 해요. 그리고 습득을 해야 해요. 내성적인 사람은 감정표현과 의사표현을 잘 하지 않아요. 그런데 문제는 감정을 표현할 때 거칠게 표현하는 경우예요. 그럴 경우 상대방은 마음이 닫히고 더 상처를 받게 되지요.

　부부가 운전을 가르치면 어떻게 될까요? 싸우고, 험난한 꼴이 되어요. 저도 제 아내에게 운전을 가르쳤었어요. 아내가 운전을 잘하여 그렇게 크게 다투거나 하지는 않았는데요. 일반적으로 부부가 운전을 가르치면 굉장히 많이 싸우지요.

　TV 프로그램에서 실험을 했어요. 한 남편이 부인을 가르친다고 도로주행을 나왔는데 남편은 계속해서 부인에게 "똑바로 앞을 봐라!", "브레이크를 왜 갑자기 밟냐?", "빨리 옆으로 가!" 등 명령조로 말했어요. 나중에는 부인도 짜증을 내게 되고 분위기는 살벌해졌지요.

　실험을 하다가 방송 담당자가 두 사람에게 이제는 존댓말로 말해보라고 하였어요. 남편이 존댓말로 얘기했어요. "깜박이를 오른쪽으로 넣어주세요~*" 부인도 존댓말을 했어요. "네! 알겠어요~*" 그런데 그전에 보지 못했던 칭찬이 나왔어요. 남편이 그전에는 지적을 했는데 "이제 좀 잘하시네요!"

　부인도 고마운 마음을 표현했어요. "당신이 잘 가르쳐 주니 그렇지요!" 서로 존중해 주기 시작하자 차 안 분위기는 바뀌었어요. 남편이 "이제 한두 번 만하면 진짜 잘하겠네요."하자, 아내는 "다 당신 덕분이지요. 감사해요~*"하며 칭찬과 감사의 마음을 전했어요.

　여기서 주는 교훈은 똑같은 상황에서도 서로를 존중하자 상황이 달라진다는 거예요. 상대방을 향해 존경하는 마음, 배려의 마음, 긍휼의 마음이 있으면 대화가 달라지고, 서먹한 관계도 굉장히 좋아져요.

0.1% 관계의 비밀

부모와 자녀를 불러서 실험을 했어요. 카메라를 양쪽에 설치하고 그냥 대화를 하게 하였어요. 99.9%는 대화를 하면서 인상을 쓰고, 험한 말도 하기 시작했어요.

부모는 자녀의 약점을 언급하며 기대감보다는 염려로 짜증스러운 대화를 하였어요. 사람들은 종이 울리면 '아이씨…' 이러면서 서로 얼굴을 붉혔고 대화 종료를 울리는 종소리를 듣자마자 자녀가 밖으로 나가 버리기도 하였어요.

그런데, 0.1%는 따뜻하게 대화를 잘 나누고, 대화 끝을 알리는 종이 울리자 서로 웃고 안아주기도 하고, 격려해 주기도 하였어요. 여기엔 관계에 대한 비밀이 있었어요.

99.9% 사람들은 대화 가운데 염려 섞인 말을 건넸어요. 그러자 그 말은 상대방에게 잔소리로 들렸고 나중에는 짜증을 내고, 화를 내게 되었어요. 그러나 0.1% 사람들은 서로를 위해주고 진심 어린 관심이 있었어요. 그리고 상대방을 배려하는 긍휼의 마음이 있었어요.

대부분의 부모들은 자녀에게 관심은 있지만 그 안에는 자녀만을 위한 관심과 염려만 있는 것은 아니었어요. 그러다 보니 소통이 잘 안되었어요. 소통이 잘 안 되니 서로 간에 고통을 안게 되는 것이지요.

대화는 둘만이 아니라 더 넓게

결혼은 두 사람만 대화하는 것이 아니라 두 가정의 어른들과도 대화를 하는 것임을 잊지 말아야 해요. 그런데, 일반적으로 장인어른과 사위는 대화가 잘 되어요. 그러나 시어른들과 며느리는 대화에 더 어려움이 있어요.

제 아내도 시부모님 즉, 제 부모님과 전화통화 하는 것을 처음에는 무척 어려워했어요. 결혼한 지 15년이 넘었지만 지금도 친정어머니에게 하듯 편하게 하는 것 같지는 않아요.

결혼 초에 유학 나가기 전 약 2-3달 정도 저희 부모님 댁에서 지내다 나갔는데요. 아내는 새벽에 일찍 일어나 밥을 하고요. 거실에서 TV를 시어머니와 보았어요.

그런데 들어가 지낸 지 일주일도 안 되어 입술이 터졌어요. 유학 가서 친정 부모님에게는 아주 가끔 전화를 하고, 시부모님께는 한 달에 한 번 정도 안부 전화를 드렸어요. 편하지 않으니 전화를 자주 드리는 것도 힘들었고 오해가 생기기도 했어요.

그러나 지금은 일주일에 7번 정도 전화를 해요. 거의 매일 안부를 묻고 살아가는 이야기를 나누어요. 그러니 관계가 더 깊고 좋아요.

결혼은 사랑하는 두 사람과만 대화를 하는 것이 아니에요. 양가 부모님들과 형제들과도 대화를 나누어야 화목해요. 그렇지 않으면 동서지간에 틈이 생기고, 괜한 오해가 생겨요.

보호막이 되어야

결혼하기 전 신랑과 신부는 결혼식을 준비하며 한 번 이상은 곤욕을 치르게 되는데요. 특히, 양가 부모님의 의견과 가정 문화, 결혼식에 대한 생각이 다르면 완전히 피가 마를 지경이 되어요. 이 때 신랑은 중간에 막힌 담이 되어야 해요. 시댁에서 하는 말을 다 신부에게 전하면 안 돼요.

영훈이와 유진은 어릴 적부터 알고 지내던 사이였어요. 두 사람은 서로 이성으로는 관심이 없다가 결혼 적령기에 만나게 되었을 때 사랑에 빠졌어요. 그런데 결혼 준비하면서 유진이의 마음이 아주 힘들어졌어요. 그건 바로, 영훈이가 시댁에서 하는 말을 여과 없이 다 유진이에게 전했기 때문이에요. 유진이는 그런 영훈이의 태도를 이해할 수 없었어요. 결혼한 뒤에도 이런 영훈이의 태도는 달라지지 않았어요. 영훈이를 만나서 남자의 역할에 대해 좀 더 설명해 주었어요.

반대로, 석훈이는 지수에게 시댁의 일을 다 전달하지 않았어요. 석훈이는 몹시 가난했어요. 아버지가 사업을 한다고 12년 동안이나 집안의 모든 재산을 날려버렸기 때문이에요. 그러나 석훈이가 결혼할 때 쯤에는 식당을 운영하면서 그렇게 가난하지는 않았어요. 그러나 석훈이가 결혼하려고 한 아내 지수네 집은 가난했어요. 지수 아버님께서는 식물인간 상태로 10년을 누워 계셨어요. 어머니는 공장에서 아침부터 밤까지 일을 하셨어요. 지수는 대학원 공부 중이었고 주말마다 아르바이트로 용돈을 벌었어요. 그런 형편이다 보니 지수는 결혼을 준비할 때 재정적으로 여유가 없었어요. 그래서 한 해, 두 해 결혼을 자꾸 미루게 되었어요.

그러다 석훈이와 2017년에 결혼을 하기로 하였어요. 그런데 예단 값을 석훈이네 시부모님이 달라고 하신 거예요. 그때 석훈이는 자신이 예단값 5백만 원을 만들어서 사돈댁에서 주시는 것처럼 자신의 부모님께 드렸어요. 하지만 지수네 부모님은 전혀 이런 사실을 알지 못했어요. 석훈이네 부모님은 넉넉하지 않은 사돈댁에서 가져왔다며 전액 5백만 원을 다시 돌려주셨어요.

아직 이런 일이 있었는지 석훈이의 장모님은 모르신다고 해요. 이것이 남자의 역할이에요. 중간에서 잘 풀어주어야 해요. 말을 너무 쉽게 전하면 안 돼요. 사랑하는 이를 보호하고 배려해 주어야 해요. "우리 부모님이 예단값으로 5백만 원 달라고 하셨어. 어떻게 할 거야?", "빨리 돈 마련해야지" 하면 안 돼요.

모든 말들을 굳이 다 전할 필요가 없어요. 결혼 생활을 양가 어르신들이 하시는 말씀대로 다 할 수는 없어요. 한쪽 집안에서 한 말 100%를 그대로 전달하면 어려워져요. 스펀지처럼 듣되 거름망을 통과된 것들만 나누어야 해요.

II
결혼 관계 속 고민

4
어떻게 해야 결혼 관계가 더 개선될까요?

3가지 관계의 유형

우리는 부모와 자녀, 선생님과 제자, 친구와 친구의 관계, 남녀의 관계 등 다양한 관계를 맺고 있는데, 이 관계들을 통해 성숙해요.

마틴 부버는 다음과 같은 관계를 소개해요.

I and it의 관계

나(I)와 그것(it)의 관계예요. 이것은 사람을 만날 때 이용 가치가 있는지 없는지 따져 보고 만나는 관계를 말해요. 이용 가치가 있을 때는 만나지만 이용 가치가 없으면 만나지 않는 거예요. 이용 가치는 학력, 권력, 돈 등 그 사람이 가진 다양한 배경을 말해요.

I and it의 관계는 상대를 만날 때 이용 가치가 있으면 관계를 유지하지만 이용 가치가 없으면 언제든지 끝낼 수 있는 관계에요.

요즘 많은 청년 중 어떤 청년들은 저 사람이 가진 배경이 어떠한지, 저 사람의 부모님은 돈이 많은지, 저 사람과 결혼하면 내가 돈을 벌지 않아도 잘 살 수 있을 것인지 등을 먼저 계산해요. 그런 후에 만남을 시작하려고 해요.

신철이와 지민이가 서로 사귀었어요. 두 사람이 만나게 된 배경은 실은 지민이의 계산된 의도 때문이었어요. 신철이는 지민이가 생각했던 이상형도 아니었고 신철이를 진심으로 좋아하는 마음도 없었어요.

그러나 신철이의 부모님이 재산이 많다는 소리에 솔깃하였어요. '저 형제와 결혼하면 평생 돈 걱정은 안 해도 되겠지, 형제 아버지가 돈이 많으니까 괜찮겠지.'라는 생각을 했어요.

그리고 마음에 들지도 않는 신철이에게 접근했어요. 지민이는 신철이의 눈에 띌 만한 예쁜 옷을 입고, 관심 없는 척하면서 계속 관심을 주었어요.

일상적인 말이 오가던 어느 날 따로 차를 마실 수 있는 시간이 이루어졌고 신철이와 좋은 관계를 맺기 위해 신철이가 좋아할 만한 말을 생각하며 관계를 시작했어요. 지민이의 만남은 곧 나와 그것(it)의 목적 지향적 만남을 만들어가는 것이었어요.

나와 그것의 만남을 주로 하는 사람들은 결혼, 친구, 교회 교우 관계에서도 이 틀에서 거의 벗어나지 않아요. 친구를 만날 때도 '저 친구를 만나면 점심값은 들지 않을 거야.'라고 생각하고 만나요.

교회에서조차 자신에게 도움이 될 만한 사람들을 계산하며 만나요. 상대를 이용하기 위해 만나기 때문에 깊은 인간관계가 유지될 수 없으며, 만남에서 오는 생명의 역사가 일어날 수 없어요.

나와 그것의 만남은 상대를 진심으로 사랑하지 않는 관계에요. 왜냐하면 이용 가치에 의한 만남이기 때문에 그 가치가 사라지면 언제든지 끝낼 수 있는 만남이기 때문이에요.

나(I) and 너(you)의 관계

나와 너와의 관계는 사람을 만날 때 상대를 있는 그대로 사랑하는 관계에요. 인간 그 자체를 사랑해요. 상대를 깊이 사랑하기 때문에 그 사람이 가지고 있는 배경을 이용하지 않아요. 설령 돈 많은 형제나 자매가 있다 하더라도 그것을 이용하기 위해 만남을 유지하진 않아요. 만남을 유지하는 유일한 이유는 상대가 너무 좋기 때문이에요.

여러분은 어떤 관계의 유형에 속한다고 생각하나요? 나와 그것의 관계인가요? 아니면 나와 너와의 관계인가요?

교회에서 결혼을 시켜야 하는 자녀를 둔 성도님들의 부탁을 받는 경우가 있어요. 결혼할 자녀의 배우자감을 소개해 달라는 부탁이죠. 부탁을 받을 때마다 어떤 사람을 찾는지 여쭈어봐요. 그때마다 들어가는 배우자의 조건이 있다면 '믿음이 있는 사람을 구해 달라'는 거예요. 너무나 당연한 조건이고 중요한 조건이에요.

그러나 성도님과 몇 마디 말을 주고받다 보면 성도님이 찾는 배우자감은 믿음 하나로는 턱없이 부족하다는 것을 알게 되어요. 성도님이 하시는 말씀을 다 듣고 종합해 보면 학력, 신혼집, 직업, 건강, 성품, 키 등을 다 갖춘 믿음(?)이 있는 사람을 찾고 있는 거예요.

어떤 사람은 결혼 후에도 안정된 직장 생활을 할 수 있는 공무원과 결혼하기를 원해요. 어떤 사람은 아들이 의사이니까 의사 며느리를 구해요. 어떤 사람은 집 없는 것이 한이 맺혀 꼭 집이 있는 사람과 결혼하겠다고 해요. 어떤 사람은 키가 작아서 키가 큰 사람과 결혼하기를 원해요. 다양한 생각을 하는 사람만큼 결혼의 조건도 다양해요. 사람 그 자체를 사랑하는 만남보다 배경을 사랑하는 사람들이 점점 더 많아지고 있는 실정이에요.

'나와 그것의 만남', '나와 너와의 만남' 어느 관계에서 생명의 역사, 축복의 역사가 시작될까요? 나와 그것의 만남에서는 생명의 역사, 축복의 관계가 만들어지지 않아요.

여러분은 관계를 맺을 때 어떤 마음으로 상대를 만나나요? I and it의 만남인가요? 아니면 I and you의 만남인가요? 지금 두 사람의 만남의 유형을 살펴보세요. 혹 상대가 가진 배경이 좋아서 만남을 유지해 오고 있나요?

상대의 배경을 이용하기 위해 관계를 유지하고 있다면 지금이라도 그 관계는 그만두는 것이 현명해요. 왜냐하면 그 배경은 얼마든지 바뀔 수 있는 것이기 때문이에요. 돈은 있다가도 없어지고, 건강도 보장할 수 없어요. 내일 일을 알 수 없는 것이 인간의 현실이에요.

결혼할 형제들이 좋아하는 배우자의 직업 중에 교직이 있어요. 그 교직은 과연 안정적일까요? 제가 아는 사람들 중에 학교 선생님들이 있는데요. 얘기를 나누다보면 요즘 학교 선생님들에게 아이를 관리하는 일이 보통 일이 아님을 알게 되어요. 아이들 중에는 자기중심성이 강한 아이들이 많아요. 가정에 한 명 또는 두 명의 자녀를 두다 보니 가정이 아이 중심으로 돌아가게 되고요. 그런 환경에서 자란 아이들은 자기도 모르는 사이에 자기중심성이 강하게 형성되어요.

이렇듯 자기중심성이 강한 아이들이 학교에 모여 있다 보니 학교에서의 생활은 당연히 어려울 수밖에 없어요. 서로를 배려하는 마음이 있어야 집단생활이 유지되는데 자기중심적인 아이들이 모여 있으니 교사도 아이들을 관리하는 일은 너무나 어려운 일이 되어 버렸어요.

어느 날 아이들 중 한 명이 학교규칙을 크게 벗어나는 행동을 하였는데요. 그 학생 담당선생님이 관리 소홀에 대한 책임을 지게 되었어요. 교사직을 그만두게 될 지경에 이르게 되었어요.

우리가 안정된 직장이라고 믿고 있었던 교사직도 실은 그렇지 않을 수 있어요. 주님께서 우리를 지켜주시지 않으면 이 땅에서는 그 어떠한 것도 견고한 것은 없어요.

잘못된 만남

결혼학교 강의를 마친 후에 성진으로부터 상담 전화가 왔어요. 성진이는 주님을 사랑하는 신실한 지체였어요. 마음에 드는 자매 미진이와 교제를 하고 있다고 했어요. 그런데 결혼학교에 와서 배우다 보니 자기들의 관계가 잘못된 관계인 것 같다는 거예요.

성진이의 직장은 비교적 안정된 직장이었어요. 교제 중인 미진이도 괜찮은 직장을 다니고 있었고 성진이보다 월급을 많이 받는다고 했어요. 그러나 미진이는 결혼 후에 더는 직장 생활을 하고 싶지 않다고 형제에게 미리 말해 두었어요.

문제는 직장을 그만두었을 때에 발생할 일들로 인해 다툼이 생겼어요. 미진이가 직장을 그만두고 나면 수입은 줄어들 것이고, 수입이 줄게 되면 미진이가 피부 관리를 못 하게 되기 때문이었어요. 성진이는 다툼을 해결하는 방법으로 미진이의 피부 관리비를 벌기 위해 직장에서 퇴근을 한 후에 아르바이트하기로 약속을 했어요.

성진이가 결혼 후에 직장 생활을 유지하면서 아르바이트를 한다는 것은 상당히 어려운 일이었어요. 성진이에게 있어 그들의 만남은 여자를 너무 사랑하여 아르바이트를 해서라도 유지하고 싶은 '나와 너와의 관계'이지만 미진이의 만남은 직장을 그만두고 피부 관리를 할 수 있는 남자를 찾는 '나와 그것의 관계'였어요.

여러분은 지금 어떤 마음을 가지고 관계를 맺고 있나요? 상대를 만날 때 이용 가치가 있을 것 같아서 만나고 있나요? 상대를 이용하기 위해 만나고 있다면 그것은 상대를 물건 취급하는 것과 같은 행동이에요.

사랑이라는 이름으로 상대를 이용하는 거예요. 지금이라도 하나님 앞에서 자신의 만남을 점검하고 '나와 그것의 관계'에서 '나와 너의 관계'로 바꾸어야 해요. 이용가치에 의한 만남은 상대에게 그 가치가 떨어지면 깊은 관계로의 발전은커녕 마음에서 순식간에 멀어지고 더 이상 유지될 수 없어요.

언제든지 이용 가치에 따라 변할 가능성이 있는 관계에요. 오늘날 이혼율이 높은 이유 중에는 잘못된 관계의 시작이 원인인 경우도 상당수 있어요.

이 자리에 있는 예비커플들은 나와 너와의 관계를 만들어 가야 해요. 나와 너와의 관계는 아플 때나 기쁠 때나 병들 때나 슬플 때나 언제나 함께 하는 만남, 둘이 하나 되는 축복의 만남, 생명의 역사가 이루어지는 만남이에요.

두 사람의 관계

아래의 그림에서 두 사람이 부부관계라고 가정했을 때, 관계가 가장 좋은 부부 관계 모습은 어떤 것일까요?

(가) A는 바로 서 있습니다. B는 A에 의존하고 있어요.
(나) A와 B 두 사람이 서로 의존하고 있어요.
(다) A와 B가 똑바로 서 있어요.

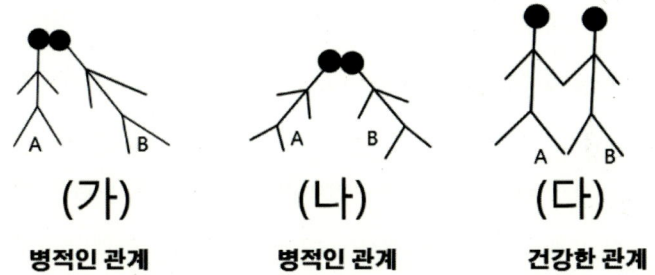

(가)와 (나)는 병적인 관계에요.

(다)는 건강한 관계에요.

(가)의 관계는 A에게 B가 지나치게 의존하고 있어요. B가 주로 하는

말은 "당신 없이는 못 살아."에요. A가 듣기에 참 좋은 말 같지만, 상대에게 주는 메시지는 "나는 당신에게 종속되어 있어요. 당신이 없으면 나는 살아갈 수 없는 존재입니다."라고 말하는 거예요.

듣기 좋은 말 같지만, 상대에게 집착할 때 주로 사용하는 말이에요. 마치 노예가 주인에게 종속되어 있는 것과 같은 관계에요. 주인은 노예를 이용하기는 하지만 사랑하지는 않아요.

병적인 사랑 = 집착

상대에게 의존적이고 집착적인 사랑은 상대를 매우 사랑하는 것처럼 보이지만, 시간이 지나면 상대를 매우 피곤하게 하고 서로를 병들게 하는 상한 사랑의 관계에요. 이러한 의존적인 사랑은 집착을 하는 사람이 상대를 지나치게 의존하기 때문에 힘들고, 집착을 당하는 사람도 상대의 지나친 의존성 때문에 다 힘들어질 수밖에 없는 병적인 관계에요.

부부들을 만나 보면 정말 다양한 사랑을 하는 부부들이 있어요. 아내 설이를 지나치게 의존하는 남편 수만이가 있었어요. 두 사람은 결혼식을 올리고 신혼여행을 다녀올 때까지는 문제를 발견하지 못했다고 해요.

문제가 발생한 것은 결혼 후 얼마 지나지 않았을 때에요. 남편 수만이는 아내 설이가 직장에서 퇴근을 한 후 집에 들어오는 시간이 조금만 늦으면 불안해했어요. 혹 늦으면 의심을 하며 아내 설이에게 꼬치꼬치 묻기 시작했어요. "왜 늦었느냐?", "무슨 일을 했느냐?" 남편 수만이는 아내 설이를 지나치게 체크하고 늦게 오는 것을 싫어했어요.

그러나 시간이 지나면 지날수록 남편 수만이는 아내 설이의 퇴근, 집에 도착하는 시간에 대해 예민해졌어요. 몇 시에 퇴근하고, 몇 시에 도착하는지 매일 체크를 했어요. 도로상황 등은 전혀 고려하지 않았어요. 아내가 퇴근 후 자신이 기대한 시간에 도착하지 않으면 따지기 시작했어요. 조금이라도 늦으면 다른 남자를 만나는 것이라는 상상을 했어요.

남편 수만이의 병적인 사랑에 아내 설이는 점점 질리기 시작했어요. 이는 잦은 다툼으로 발전하게 되었어요. 결혼한 지 1년 동안 어려운 생활을 유지하다가 결국 이혼의 문턱에서 상담하게 되었어요.

(나)의 관계는 A와 B 둘 다 의존되어 있어요. 두 사람 모두 "나는 너 없이 못 살아. 나도 너 없이 못 살아"관계에요. 둘 다 끊임없이 서로를 향해서 "당신 없이는 못 살아." 라고 하면서 서로를 지나치게 의존해요. 이 관계는 얼핏 보면 서로를 의지하는 것 같아 보이지만, 어느 한쪽이 조금이라도 자세를 바꾸면 바로 쓰러지는 초긴장 상태가 유지된 관계에요.

두 사람 모두 내면이 건강하지 못하고 의존성이 강한 것이 문제예요. 그러나 어느 한 사람도 자신의 지나친 의존성이 문제임을 알지 못해요. 의존성은 어떻게 만들어지는 것일까요?

여러 이유가 있지만 주로 성장 과정에서 부모가 지나치게 과잉보호로 양육한 자녀에게 주로 나타나는 증상이에요. 자녀가 스스로 할 수 있는 일도 안쓰러워하는 마음으로 부모가 대신해 주었기 때문에 부모를 의존할 수밖에 없게 되는 거예요.

이런 내면을 가진 두 사람이 부부가 되면 서로 상대에 기대어 살아가고자 하기 때문에 자주 싸움이 발생할 수밖에 없어요. 왜냐하면 두 사람이 사는 가정 안에는 기댈 수 있는 사람이 없기 때문이에요. 기댈 수 없는 사람에게 서로 기대려고 하기 때문에 사소한 일에도 서로에게 실망하며 힘든 관계를 유지해요.

두 사람이지만 한 몸을 이루어가야 하는 중요한 시기에 초긴장 상태를 유지하게 되어요. 긴장 상태에서는 자주 싸움이 발생할 수밖에 없는데 그렇게 싸움이 빈번해지면 가정에서 천국을 경험하는 것이 아니라 지옥을 경험하는 것 같은 상태가 되죠.

신혼기 동안 자주 싸움을 하게 된 어떤 형제는 차라리 결혼하기 전의 상태로 돌아가고 싶다는 말을 할 정도예요. 그만큼 결혼생활이 힘들고 어렵게 돼요.

(다)의 관계는 두 사람이 손을 잡고 함께 가는 관계에요. "나는 당신을 좋아하고 사랑해요. 하지만 당신이 없어도 혼자 살아갈 수 있어요." 하는 관계에요. 두 사람은 서로 잡은 손을 놓지 않고 함께 가요. 사랑과 존경이 동시에 유지되며 둘이 주님께서 기뻐하시는 방향으로 함께 가는 관계에요. 두 사람이 함께 가는 길에도 여러 가지 일들이 일어나지만, 함께 하면서 서로의 힘이 되어 줄 뿐만 아니라 독립적인 관계를 유지하면서 유기적이고 친밀한 관계를 유지해요. 동반자적 관계이자 건강한 관계에요.

아내에게 어떠한 달란트가 있다면, 남편은 아내가 충분하게 그 달란트를 발휘할 수 있도록 도와줘야 해요. 아내가 뛰어난 기량을 발휘하더라도 남편은 경쟁하지 않아야 해요. 서로에게 진심으로 힘이 되어 주어야 해요. 아내 역시 마찬가지예요. 남편이 가진 달란트가 극대화 할 수 있도록 지지하고 격려해야 해요.

건강한 사랑은 배우자를 전적으로 의지하는 것도 아니고 배우자가 자신에게 그렇게 의존하도록 하는 것도 아니에요. 배우자 스스로 건강하게 홀로 설 수 있도록 만들어 주는 거예요.

내 안에 상대방을 가두게 되면 내가 가지고 있는 그 그릇 수준 정도만 성장할 수 있어요. 창조주께서 바라시는 부부는 남편과 아내의 무한한 잠재력을 서로가 개발시켜 시너지 효과를 거두는 거예요. 무지한 부부들은 상대방을 발전시키기보다는 억제시키고 억누르고 있다는 것을 깨닫지 못해요.

건강한 부부 관계는 결혼 후 40-50년 뒤에 부부 관계를 평가했을 때 알 수 있어요. "저는 당신을 만나서 정말 발전하고 성숙했어요!"라고 할 수 있는 관계가 좋은 사이에요.

이러한 관계에서 태어나는 자녀들은 정신이 건강해요. 부모가 긴장된 관계를 유지하지 않고 평안한 가정 분위기를 만들어 주기 때문에 정서가 안정되어요. 심지가 견고한 자녀로 자랄 수 있어요.

부부가 자주 싸우는 가정에 있는 아이들은 불안지수가 아주 높아요. 마음 깊은 곳에 근원적인 불안이 많기 때문에 남 앞에 서는 것이 매우 힘이 들어요. 잘못할까 봐 염려되고 불안해서 완벽하리만큼 열심히 준비하지만 준비한 만큼의 효과를 내지 못해요.

결혼하는 목적은 부부가 행복하게 사는 것만이 아니에요. 하나님께서 사명으로 주신 1차적 목적이 있어요.

> "하나님이 그들에게 복을 주시며 하나님이 그들에게 이르시되
> 생육하고 번성하여 땅에 충만하라, 땅을 정복하라,
> 바다의 물고기와 하늘의 새와 땅에 움직이는 모든 생물을 다스리라"
> (창세기 1:28)

결혼을 하는 것은 복을 얻는 것이에요. 하나님의 형상을 닮은 경건한 다음 세대를 만드는 것이며 세상에 하나님의 영광이 가득 차도록 하는 것이에요. 하나님께서 창조하신 세계를 다스리는 거예요. 부부가 하나 되어 연합할 때 그 연합을 통하여 경건한 후손이 태어나도록 하나님께서 가정을 설계하신 거예요.

그러므로 하나님께서 짝지어 주신 관계에서 연합의 기쁨을 누릴 수 있어야 해요. 둘인데 하나가 되는 기쁨이지요. 둘이지만 하나가 되는 원리를 알 때 부부는 이심이체가 아니라 일심동체를 이룰 수 있는 거예요.

지금 여러분은 (가), (나), (다) 중에 어떤 관계인가요? 지금은 연애하고 있는 관계이기 때문에 정확하게 잘 모를 수 있어요. 그러나 더 깊은 관계를 만들어 갈 때는 서로가 성장했던 가정 분위기가 어떠했는지 살펴보는 지혜가 필요해요.

5
배우자를 잘 알고 있는 것 같은데 서운하고 싸우기도 해요. 왜 이런 일이 일어나나요?

우리는 서로 사귀게 되면 서로를 잘 안다고 생각하지만 그렇지 않을 수 있어요. 서로를 자기 생각대로 그려내며 좋은 사람으로 인식하며 지낼 수도 있기 때문이에요. 그래서 그 기대감 속에서 결혼하려고 할 수 있어요. 어떤 면에서는 이런 기대감으로 관계가 유지가 되기도 해요.

그러나 70-80%는 상대를 오해해요. 결혼학교를 운영하면서 사랑의 5가지 언어를 읽고, 독후감을 내도록 하는데 너무나도 많은 커플이 서로를 잘 알지 못했다고 고백을 해요.

사랑의 5가지 언어

게리 채프먼은 자신의 책 〈5가지 사랑의 언어〉에서 5가지 언어가 있다고 해요.

1) 인정하는 말
2) 함께하는 시간
3) 선물
4) 봉사
5) 스킨십

게리 채프먼은 사람마다 선호하는 언어의 유형이 다르며 반응하는 유형의 언어도 다르다고 하는데요. 이 사랑의 5가지도 제대로 이해하지 못하는 경우가 있어요.

첫째, 인정하는 말은 칭찬할 것은 충분히 칭찬하고 인정해 주어야 한다고 해요. 누구나 진심 어린 칭찬을 싫어할 사람은 없으니까요. 특히 남녀 사이에서의 칭찬은 서로의 기분을 풀어주며 상대방에게 가치 있는 사람임을 느끼게 해 주는 말이기도 해요. 특히 남자는 인정하는 말을 선호해요. 가끔 장난으로도 상대에게 비난을 들을 경우 장난임을 알면서도 기분이 좋지 않아요.

둘째, 무형의 언어로서 함께하는 시간은 단지 서로 같이 있는 물리적인 시간을 떠나서 단 5분이라도 서로에게 온전히 몰입하고 집중하라고 해요. 가령 업무로 바쁜 남자가 몸은 비록 같이 있지만, 그 시간 동안 컴

퓨터를 들여다보고 있거나 전화통화를 하거나 여러 일을 신경 쓴다면 그것은 함께하는 시간이라고 말할 수 없어요. 꼭 긴 시간이 아니더라도 함께 있는 시간 동안은 서로에게 온전히 집중해야 해요.

셋째, 대부분 진심을 담은 선물은 성대한 이벤트나 크고 값진 선물이어야 가치가 있다고 해요. 그렇지만 오랜 시간을 들여 고민하고 준비한 선물보다 어느 날 문득 사랑하는 사람을 위해 준비한 작은 선물이 더 감동을 주기도 해요. 왜냐하면, 선물은 크기나 물질적 가치보다 진심과 상대를 향한 마음이 담겨 있어야 하기 때문이에요.

넷째, 봉사란 서로 함께 있는 시간과 비슷하다고 할 수 있겠으나 또 다른 의미로 상대가 직접 말을 하지 못하는 부분을 신경 써주고 궂은 일을 마다하지 않는 것을 의미한다고 해요. 1년 365일 서로가 같은 컨디션으로 공동 가사를 하지는 못할 거예요. 이때 먼저 상대방의 마음을 헤아리고 힘들어하는 부분들을 대신해 줄 수 있다면 이 또한 서로의 사랑을 깊고 단단하게 하는 행동이 될 거예요.

다섯째, 남자들은 스킨십의 마지막을 성관계로 생각하는 경향이 있는데 성관계만을 위해 스킨십을 하는 것이 아니라고 해요. 작게는 손잡기, 포옹, 입맞춤 그리고 성관계까지, 모든 것이 스킨십이고 상대를 사랑하는 표현이라고 해요.

성관계만을 위해 스킨십을 하는 것이 아니라 상대가 어떤 스킨십을 원하는지를 파악하고 사랑하라고 해요. 서로의 현재 마음가짐을 깨닫고 행하는 스킨십이야 말로 더욱 사랑을 돈독히 해줄 수 있는 스킨십이에요.

이렇게 5가지 유무형의 사랑에 대한 유형화를 통해 남녀가 서로 원하고 본인이 더욱 비중을 두는 유형이 무엇인지 깨달아야 해요. 깨달은 것을 통해 서로를 배려한다면 남녀관계 그리고 부부관계는 날이 갈수록 풍성해질 것이며 하나님께서 기뻐하시는 가정을 이룰 수 있어요.

사랑하는 커플은 서로를 다 안다고 생각해요. 그러나 5가지 사랑의 언어를 검사한 후 결과를 들으면 많은 커플들이 놀라워하고 당황해할 때도 있어요. 서로를 이미 다 알고 있다고 생각했지만 의외로 서로의 사랑의 언어를 잘못 알고 있었기 때문이지요.

서로 다른 언어를 가진 경우

결혼한 지 1년이 된 종호와 예지 커플은 사랑의 언어가 서로 달랐어요. 하지만 전혀 서로의 언어를 알지 못했어요.

아내 예지의 제1의 사랑의 언어는 스킨십이고 남편 종호의 제1의 사랑의 언어는 인정하는 말이었어요. 검사 이후 예지와 종호는 서로에 대해 느끼던 불만이나 싫은 감정들이 모두 이해가 되었어요.

두 사람은 사귄 지 이제 2년 반이 조금 넘어 결혼하였는데요. 결혼 후 주말부부로 지내게 되어 일주일에 한 번밖에 못 보니, 신혼을 제대로 즐기지 못했어요. 예지는 스킨십을 좋아하는데 일주일에 한 번밖에 보지 못하고 스킨십도 만나는 그 날밖에 하지 못하니 남편에게 집착하게 되었어요. 평일 전화통화를 한 시간 이상 하지만 늘 부족함을 느껴서 더 해달라고 졸랐어요.

2018년 3월 이후 같이 살게 된 후 함께 지내며 스킨십이 충족되니 예지는 굳이 연락에 집착하지 않게 되었어요. 주말부부로 지낼 때 했었던 그런 행동은 더는 하지 않게 되었다는 거지요.

예지는 예전에 남편과 싸울 때마다 왜 남편이 그렇게 잔소리 듣는 표정을 짓고 말하기 싫다는 표정이었는지 이해하게 되었어요. 남편은 인정하는 말이 제1의 사랑의 언어이니까 아내가 잔소리하고 꾸짖을 때 더 싫은 감정이 들었던 거예요.

아내 예지는 남편의 제1의 사랑의 언어가 인정하는 말임을 알고는 잔소리나 꾸짖는 말을 하지 않기 시작했어요. 오히려 칭찬과 인정해주는 말을 더 많이 해야겠다고 느꼈고, 실천하게 되었어요.

남편도 예지의 제1사랑의 언어인 스킨십을 안 뒤 더 자주 스킨십을 해 주려고 하고 있어요. 이 부부는 처음 검사결과를 받고 너무 예상 밖이라 충격을 받았어요. 결혼학교를 들을 때 많은 커플이 다 서로의 언어를 몰랐다고 썼다고는 들었지만, 이 커플도 그럴 줄은 몰랐어요. 결혼하고 1년 정도 지난 뒤에야 알게 된 것이니까요.

서로 사랑의 언어가 어떤 것인지 발견한 커플

가끔 결혼 전 신부가 농담 삼아 "결혼하면 연애할 때랑 다르게 남자들이 변한다던데 오빠도 그러는 거 아니에요?"라고 물을 때가 있어요. 그럼 남자는 "절대 아니지."라고 대답은 하지만 실제로 어떻게 될지는 장담할 수 없어요. 더군다나 남자가 여자의 사랑의 언어를 모른다면 그 말에 책임질 수 없는 상황이 될 거예요. 서로가 서로를 채워주려고 사랑하고 노력하지만, 만족은커녕 노력한 것에 비해 진만 빠질 수 있어요.

다한이의 경우 사랑의 언어는 인정하는 말, 함께하는 시간, 스킨십,

봉사, 선물 순이었고, 수정이의 경우는 함께하는 시간, 봉사, 스킨십, 인정하는 말, 선물이었어요. 이런 경우 두 사람이 서로에게 아무리 선물을 사다 줘도 크게 감동을 받거나 서로에게 만족할 수 없을 거예요.

이런 커플인 경우는 물질적인 채움보다 정신적, 감정적으로 채워줄 수 있는 부분에 서로 노력해야 해요.

'인정하는 말'을 중요하게 생각하는 형제 입장에서 자매는 매일 칭찬을 한 가지씩을 하기로 목표를 세우고 같은 칭찬이 중복되거나 진심이 담기지 않은 말을 하지 않기 위해서 칭찬 노트를 작성하는 방법도 생각했어요.

집에서 인정받고 존경받는 남편이라면 직장에서도 충분히 그 능력을 발휘할 수 있을 것이라 생각하기 때문에 가장으로서의 자존감을 세워줄 수 있는 아내가 되어야겠다고 다짐하고 노력하고 있어요.

'함께하는 시간'을 중요하게 생각하는 아내 수정이를 위해 남편 다한이는 함께하고 싶은 활동을 나누고 실천하기로 했어요. 야구장 가기, 영화 관람, 여행, 쇼핑 등 매달 한 가지씩 실천할 계획을 구체적으로 세우고 실천했어요.

연애할 때처럼 둘만의 시간을 보내려고 하고 있지요. 그리고 평소에는 퇴근 후 그날 있었던 일들을 서로 이야기하고, TV를 보거나 컴퓨터를 하기보다는 배우자에게 더 많은 관심을 둘 수 있도록 노력하고 있어요.

서로의 언어가 같은 줄 몰라 서운한 경우

현우와 지현 커플은 사랑의 언어가 둘 다 같이 인정하는 말로 나왔어요. 그래서 서로가 칭찬해주거나, 진심으로 인정해주는 말을 해주었을 때 가장 기뻤어요. 하지만 아쉽게도 칭찬과 인정을 받고 싶은 순간이었는데 그냥 넘어가 버릴 때, 서운함과 속상함을 많이 느꼈어요. 신랑이 꽃이나 선물을 건네주면, 그 자체도 물론 감사하지만 자기를 떠올리며 그 선물을 직접 고르고 준비해 주었다는 사실에 감동했어요. 하지만 표현하는 데는 서툴렀어요. 이 두 사람은 서로가 어떤 사랑의 언어를 가지고 있는지 몰랐어요.

그래서 서로 사랑의 언어를 알고 이야기를 나눈 후에, 행복한 결혼생활을 위해 노력해 볼 실천사항들을 정하며 노력하기로 했어요.

1. 하루에 한 번, 반드시 배우자의 존재에 대해 감사하는 말 전하기
2. 매주 금요일 저녁, 일주일 동안 서로에게 감사했던 일을 찾아 이야기하고 감사함을 표현하기
3. 배우자의 장점에 대해 리스트로 작성하여 냉장고 문에 붙여놓기

두 사람은 많이 사랑하지만, 서로의 사랑의 언어에 대해서는 전혀 무지하였음을 알았어요. 그리고 자신의 방식대로 사랑하면 상대방에게는 사랑으로 와 닿지 않을 수 있음을 알게 되었어요. 무엇보다 중요한 것은 서로 결혼한 후 어떻게 생활할지 고민해 보아야 해요. 그러기 위해서 우리는 서로 데이트하는 사람, 결혼할 사람, 남편과 아내를 이해해야 해요.

6
서로에 대한 이해를 어떻게 증진 시키고 싸우지 않고 결혼생활 할 수 있을까요?

요즘처럼 결혼하기 어려운 때가 또 있을까요? 그런데 이렇게 어렵게 결혼을 한 후에 또 이처럼 많이 싸우고 이혼하는 세대도 없는 것 같아요. 과연 우리는 어떻게 해야 서로를 사랑하는 배필로 준비되며, 실제로 평등하고 행복한 결혼생활을 유지할 수 있는 걸까요?

〈너 자신을 알라!〉

'너 자신을 알라'라고 말했던 소크라테스는 다음과 같은 말도 남겼어요. "검증되지 않은 삶은 살아있을 가치가 없는 삶이다." 과격하게 느껴질 수도 있지만, 어느 정도 맞는 말이에요. 검증되지 않는 삶은 평가가 불가능하죠. 이 말을 다른 말로 하면 목표도 없고 목표를 이루기 위한 기준도 없다는 말이에요.

즉, 검증되지 않은 삶은 어제와 비교해 볼 때 나아진 것이 없어요. 그저 어제와 같은 삶을 오늘 살아가고 있는 것이지요.

우리가 타고 다니는 자동차는 2년에 한 번씩 검진을 해요. 건강 검진은 최소 2년에 한 번씩 해야 하고요. 치아 스케일링은 6개월에 한 번씩 하라고 권장하죠. 이렇게 정기적으로 검진을 해야 건강을 유지할 수 있어요. 그런데 왜 우리는 서로간의 관계는 검증하려고 하지 않을까요?

저는 10년간 연애를 했다고 말했어요. 10년간 연애를 했으면 서로간의 관계가 10년 치 만큼 성숙하고, 10년 치 만큼 더 많이 알아 가야 하는데, 10년 동안 연애해 본 사람의 경험으로 확신하건대 절대로 그렇지 않아요.

10년간 매일 똑같은 방식으로 사랑했다면 그것은 10년의 세월만큼 관계가 성숙해 간 것이 아니라 매일 어제와 같은 방식으로 관계를 맺은 것이라고 할 수 있어요. 이런 식의 10년간의 연애는 단 한 번의 싸움으로도 무너질 수 있어요. 제가 바로 그 증인이요.

서로에 대해서 더 많이 배우고, 더 많이 이해해야 했어요. 아직 서로에 대해서 알아야 할 것이 너무나 많아요. 그래서 성경은 다음과 같이 말해요.

"남편들아 이와 같이 지식을 따라 너희 아내와 동거하고 그를 더 연약한 그릇이요 또 생명의 은혜를 함께 이어 받을 자로 알아 귀히 여기라 이는 너희 기도가 막히지 아니하게 하려 함이라"

(베드로전서 3:7)

성경은 남편들에게 '지식'을 따라 아내와 동거하라고 말해요. 함께 하기 위해서 중요한 것은 지식이에요. 서로에 대해서 더 많이 알아가야 해요. 그래서 부부관계를 '배우자'라고 하는 것 같아요. 부부는 서로에 대해서 더 많이 '배워야' 할 대상이에요.

항상 문제는 '나는 당신에 대해서 모든 것을 다 알고 있다.'는 근거 없는 확신에서 나와요. 상대에 대해서 알고 있다는 확신을 갖게 되면 더 이상 상대방에 대해서 배려하지 않게 되죠. 그리고 상대방에 대해서 배우기를 포기하는 순간, 다음과 같은 두 가지의 언어를 즐겨 사용하게 되어요.

'늘', '맨 날'

"당신은 늘 그런 식이야!"

"당신은 맨 날 왜 그래!"

이런 식의 대화는 서로의 관계를 흔들어요. 서로의 관계 속에서 이 두 단어를 사용하고 있다면 서로에 대해서 배우기를 포기한 것이고, 관계가 심하게 흔들리고 있다는 신호에요. 사람은 배우는 것을 좋아하지 않고, 변화를 두려워해요. 인간의 뇌는 게으르기 때문에 새로운 것을 배우기보다는 '늘', '맨 날' 그랬던 것처럼 사고하기를 원해요. 어느 날 다음과 같은 글을 읽어 본 적이 있어요. 여러분도 한번 읽어 보시기 바라요.

캠릿브지 대학의 연결구과에 따르면, 한 단어 안에서 글자가 어떤 순서로

배되열어 있는가 하것는은 중요하지 않고, 첫째번와 마지막 글자가 올바
른 위치에 있것는이 중하요다고 한다. 나머지 글들자은 완전히 엉진망창
의 순서로 되어 있지을라도 당신은 아무 문없제이 이것을 읽을 수 있다.
왜하냐면 인간의 두뇌는 모든 글자를 하나하나 읽것는이 아니라 단어 하
나를 전체로 인하식기 때문이다.

이 글에 대한 문제를 발견했나요? 실제로 이 글을 읽은 대부분의 사
람들은 이 글에 대한 문제를 발견하지 못했다고 해요. 하지만 천천히 읽
어 보면 이 글은 잘못 투성이예요.

그런데 왜 우리는 이 글을 읽고 의미를 파악하는데 아무런 어려움도
느끼지 못했을까요? 우리의 뇌가 이 정도의 문제는 '늘', '맨 날' 읽었던
것처럼 아무렇지도 않게 읽어 내리기 때문이에요.

그래서 다 안다고 생각하는 것은 실제로 다 모르는 것일 수 있지요.
우리는 다시금 서로 배우고 학습해야 해요. 연애는 학습의 연속으로 서
로에 대해서 더욱 많이 학습해야 해요.

서로에 대해서 학습하는 여러 가지 방법이 있겠지만 저는 에니어그
램을 추천해요. 에니어그램이란 도구를 통해서 서로에 대해서 더 많이
알아 갈 수 있어요. 에니어그램은 다음과 같은 강점을 지니고 있어요.

첫째, 나 자신에 대한 이해가 쉽다.
둘째, 상대방에 대한 이해가 쉽다.
셋째, 변화를 위한 적용이 쉽다.

에니어그램은 다른 성격 유형 검사보다 이해, 발견, 적용이 쉽다는 강점을 지니고 있어요. 본 책에서는 서로의 관계 성숙과 성장을 위한 측면에서 에니어그램을 쉽게 설명하도록 하겠어요. 본 책에서 제시하는 내용만으로도 에니어그램에 대한 이해와 함께 건강한 관계 형성을 위한 변화를 시도할 수 있어요. 자! 그렇다면 이제부터 에니어그램의 세계로 들어가 보도록 해요.

에니어그램에 대한 이해

에니어그램(Enneagram)은 희랍어에서 9를 뜻하는 ennear와 점, 선, 도형을 뜻하는 grammos의 합성어예요. 문자 그대로 '9개의 점이 있는 도형'이란 의미이지요. 에니어그램의 유래는 그 시작이 너무 오래 되어서 확실하지는 않아요. 에니어그램은 모든 사람이 이 9개의 유형 중 하나에 속한다고 보고 있어요. 자! 그렇다면 긴장을 풀고, 정직한 마음으로 나는 어떤 유형에 속하지는 살펴보도록 해요.

에니어그램의 각 유형 설명

에니어그램은 각 유형을 설명할 때 번호로 설명해요. 각 번호에 이름을 붙이는 것에 대해서 조심스러워 해요. 왜냐하면 각 번호에 대한 이름을 붙이는 순간 그 이름에 제한을 받기 때문이에요. 언어는 존재를 제한시키는 능력이 있어서 이름이 붙여지는 순간 그 이름의 본질에 갇히게 되어요. 그러므로 번호로 기억하시는 것이 에니어그램적 사고에요. 각 유형은 다음과 같아요.

1번 유형: 완벽을 추구하는 사람

특성: 모든 일에 완벽을 추구하는 사람
　　　이상적인 목표를 이루기 위해 부단히 노력한다.
　　　목표를 이루기까지 정의로운 방법을 추구한다.
　　　완벽, 공평, 정의, 성실을 고집한다.

스트레스를 받을 때: 상대방의 입장을 이해하지 못하고 비난한다.
　　　　　　　　　완벽주의적 성향으로 자신과 주변 사람을
　　　　　　　　　힘들게 한다.

평화로운 상태일 때: 자신과 타인에 대해서 관대하다.
　　　　　　　　　주어진 목표를 성실하게 이루어 간다.

1번 유형은 완벽을 추구하는 사람이에요. 이 세상은 1번 유형의 사람들 때문에 도덕과 정의가 세워졌어요. 1번 유형은 도덕과 정의를 생명처럼 여기기 때문에 1번 유형의 사람들이 가장 싫어하는 사람은 비도덕적이고 비윤리적인 사람이에요.

가장 흔한 예로 서로 간의 예절과 약속을 지키지 않는 사람들에 대해서 1번 유형은 본능적으로 적대감을 지니고 있어요. 만약 당신이 1번과 데이트를 하고 있다면 무엇보다 약속과 예절을 지키기 위해서 노력해야 해요. 일단 1번 유형은 데이트 약속 시간에 늦게 나오는 것에 대해서 마음속에 깊은 분노를 느끼지요.

1번 유형은 목표 지향적인 사람이기 때문에 이상적인 목표를 세우길 좋아하고 스케줄대로 살아가길 원해요. 한번 목표를 정하면 한눈을 팔지 않고 돌진하는 치타처럼 목표를 향해 돌진해요. 자신이 해야 할 일, 주어진 일 이외에 다른 일들이 주어지면 1번 유형은 힘들어해요. 완벽주의 기질을 지니고 있는 1번 유형은 이미 스스로 많은 일을 하고 있기 때문에 외부에서 일이 추가되면 그것 또한 완벽하게 하기 위해서 자신을 힘들게 할 우려가 있어요.

완벽주의자들이 그러하듯 1번 유형은 타인에 대해서도 엄격해요. 1번 유형 곁에 있는 사람은 공격의 대상이 되기도 해요. 1번 유형은 스스로 심판관이 되어 주변에 있는 사람들의 잘잘못을 가려내는데 센서(Sensor)가 발달한 사람으로서, 1번 유형의 눈은 다른 사람의 티를 발견하는데 발달되어 있어요.

그러므로 1번 유형은 마음의 여유를 찾아야 해요. 지금까지도 성실하게 잘 살아왔어요. 이제는 조금 쉬어도, 천천히 가도 괜찮아요. 너무 먼 미래를 지금 성취하기 위해서 현재를 희생하지 않아도 돼요. 당신이 1번 유형이라면 마음의 여유를 찾고 현재를 즐기는 연습을 하기 바라요. 당신이 사랑하는 사람이 1번 유형이라면 지금까지도 너무 수고 많았다고 격려해 주세요.

모세 같은 사람이 1번 유형이에요. 모세는 어릴 적부터 버림받을 것 같은 느낌을 가지고 살았어요. 태어나자마자 어쩔 수 없었지만, 친어머니로부터 버림을 받고, 40년간 애굽의 왕궁에서 잘 버텼는데 결국 광야로 도망을 쳐야 했어요.

광야에서도 장인어른 댁에 머물면서 눈치를 보면서 살았어요. 이스라엘 백성을 이끌고 광야 40년을 보내는 동안에도 이스라엘 백성들의 끊임없는 반란과 도전에 직면해서 살아야 했어요.

그래서 모세는 늘 스스로 살아남기 위해서 몸부림을 치는 삶을 살았어요. 40년간 애굽의 왕자로 살 때도, 40년간 광야에서 양을 칠 때도, 40년간 지도자로 살아갈 때도 늘 바르게, 완벽하게 살아가려고 몸부림쳤어요. 양을 칠 때도 자신의 양은 한 마리도 없었어요.

비슷한 상황에서 야곱은 엄청난 부자가 되었는데 모세는 자신의 양 한 마리도 없었는데 최선을 다해 장인의 양을 돌 봐주었어요. 40년간 광야에서 지도자로 살아갈 때도 수많은 업무에 시달려 있었어요.

보다 못한 장인 이드로의 충고(출 18장)로 일을 분배하여 그나마 조금 쉴 수 있었어요. 모세가 얼마나 완벽을 추구하는 사람인지 그 힘든 광야 생활을 하면서도 모세 5경(창세기, 출애굽기, 레위기, 민수기, 신명기)을 기록했어요.

모세는 인생의 마지막(신 34장)에도 눈이 흐리지 않고 기력이 쇠하지 않았다고 해요. 마치 더 할 일이 남은 사람처럼 말이에요. 1번은 하나님 안에서 쉬는 방법을 배워야 해요.

1번 유형과 달콤한 데이트를 하기 위한 Tip

시간을 잘 지킨다.
서로에 대한 예절을 잘 지킨다.
1번 유형의 목표와 열정에 대해서 격려한다.

2번 유형: 도움을 주려는 사람

특성: 타인에게 도움을 주려는 사람
　　　주변 사람들에게 관심이 많고 그들의 필요를 채워 준다.
　　　다정다감한 마음을 지니고 있어 타인의 감정에 민감하게 반응한다.
　　　자신의 본심을 뒤로하고 다른 사람들과 어울릴 수 있다.

스트레스를 받을 때: 자신의 필요를 채우지 못한 채 다른 사람에게 몰두한다.
　　　　　　　　　탈진되었을 때 공격적인 성향을 보인다.

평화로운 상태일 때: 이타적인 삶을 살아간다.
　　　　　　　　　공동체를 돌보며 관계를 아름답게 세워간다.

2번 유형은 따뜻한 마음의 소유자예요. 9개의 유형 중에 가장 마음이 따뜻하여 2번 유형의 주변에는 항상 사람들이 많아요. 2번 유형의 심장은 밖으로 뛰어나와 있는 것처럼 타인에 대해서 느끼는 감정이 예민해요. 2번 유형은 다른 사람의 필요를 본능적으로 파악하여 이를 채워주려고 해요. 세상은 2번 유형을 통해서 헌신과 사랑을 배워가요. 2번 유형이 많은 공동체, 가정, 교회, 국가는 분위기가 좋고 밝아요.

2번 유형은 여러 종류의 가면을 가지고 있어요. 모든 사람들은 저마다의 가면을 가지고 살아가는데 2번 유형은 자신의 본심을 감추기 위해서, 때로는 다른 사람에게 자신을 맞혀 가기 위해서 때와 장소에 맞는 가면을 착용해요. 건강한 사람이란 때와 장소에 맞게 가면을 쓸 수 있는 사람이라고 할 수 있어요.

자신을 위장해야 한다는 의미가 아니라 자신과 다른 사람을 보호하기 위한 가면을 쓰는 측면에서요. 그런데 2번 유형은 너무 많은 가면을 가지고 있기도 해요. 다른 사람을 향한 마음이 너무 크다 보니 어느덧 자신의 모습은 뒤로한 채 지나치게 헌신적인 삶을 살아가요.

삶은 균형이 중요해요. 마찬가지로 헌신도 균형이 중요해요. 타인에 대한 헌신 이전에 자신에 대한 헌신도 있어야 해요. 예수님의 말씀처럼 '네 이웃을 내 몸처럼 사랑하기'위해서 먼저는 나 자신에 대한 사랑과 헌신이 있어야 해요.

때로는 자신을 잃어버린 채 상대방에게 집착하는 젊은이들을 보게 되어요. 결혼 생활을 하는 동안 자신은 사라지고 오직 상대방만 바라봐요. 배우자에게만 집착하고 자신의 삶을 돌보지 않는 것을 헌신적인 사랑이라고 착각하죠.

이런 성향의 사람이 사랑에 빠지면 데이트만 하게 되면 지인들과 연락을 끊고 오직 상대방에게만 몰입하는 경우가 많아요. 전부 건강하지 못한 거예요.

당신이 2번 유형이라면 먼저 자신을 사랑해주세요. 타인의 필요를 채우기 이전에 내 안의 공허를 먼저 채우세요. 내 안이 풍성해져서 흘러나오는 사랑으로 상대방을 사랑할 때 더욱 건강한 사랑을 이어갈 수 있어요.

당신이 사랑하는 사람이 2번 유형이라면 먼저 그 사랑에 대해서 진심으로 감사를 표현해 주세요. 그리고 2번 유형이 나에 대한 사랑만큼이나 자신의 삶을 성실하게 살아갈 수 있도록 격려해 주세요.

예수님의 제자 요한 같은 사람이 2번 유형이에요. 요한은 2번 유형답게 따뜻한 가슴을 지닌 봉사자였어요. 2번 유형이 타인을 향한 봉사를 잘하면서도 타인의 인정을 바라듯 요한은 예수님의 인정에 갈급했어요.

우리는 요한을 예수님이 가장 사랑하셨던 제자로 알고 있죠. 왜일까요? 예수님은 한 번도 요한을 가장 사랑한다고 말씀하신 적이 없는데도 말이죠. 요한이 자신이 기록한 요한복음(요13:23)에서 그렇게 기록해 놓았기 때문이에요.

예수님은 한 번도 내가 요한을 가장 사랑한다고 말씀하신 적이 없는데 요한은 스스로 그렇게 생각했던 것이에요. 2번 유형이 내면이 건강할 때는 탁월한 조력의 모습을 보이지만 내면의 균형을 잃을 때면 강한 8번 유형 같이 과격한 모습을 보이기도 해요.

예수님께서 사마리아로 가시는데 사마리아 사람들이 예수님을 거부하는 일이 벌어졌어요(눅9장). 이때 요한은 불로 사마리아 사람들을 벌하기를 원한다는 과격한 말을 해요.

2번은 자신을 돌보지 않고 모든 것을 다 베풀어 주지만 자신의 호의에 대해서 알아주지 않을 때는 과격한 모습을 보이기도 해요. 평소 요한에 대해서 잘 아셨던 예수님은 어머니를 요한에게 맡겨요.

그리고 요한은 평생 예수님의 어머니 마리아를 정성을 다해 돌봐 드려요. 헌신자 2번의 모습을 잘 보이지요. 따뜻한 마음을 지닌 2번은 타인을 돌보는 것처럼 자신도 돌볼 줄 아는 균형이 필요해요. 그래야 귀한 사역을 오랫동안 지속할 수 있어요.

2번 유형과 달콤한 데이트를 하기 위한 Tip

2번 유형의 사랑에 대해서 진심으로 감사를 표현해 주세요.
이성보다는 감성적인 언어를 많이 사용해 주세요.
2번 유형의 억눌린 감정을 잘 품어 주세요.

3번 유형: 성취하려는 사람

특성: 성취를 위하여 부단히 노력하는 사람
　　　성공을 위한 목표를 세우고 이루기 위해서 모든 노력을 아끼지 않는다.
　　　성취를 위한 효율적 방법을 늘 고민하며 실적을 중요하게 여긴다.

> 주변 사람들에게 열정을 불러일으키며 의욕을 고취시킨다.
>
> 스트레스를 받을 때: 지나친 자만심으로 타인의 말을 듣지 않는다.
> 성취를 위해 부정직한 방법까지 동원한다.
>
> 평화로운 상태일 때: 긍정적인 자아상을 가지고 일에 매진한다.
> 사람들에게 매력적으로 보이며 끊임없이
> 자신을 개발해 나간다.

　　3번 유형은 성취 중심의 사람이에요. 세상은 3번 유형의 열정과 도전에 빚을 졌어요. 세상이 이 만큼 발전하고 무엇인가를 이룬 것은 3번 유형의 덕분이에요. 3번 유형은 성취를 위한 목표를 세우는 것을 좋아하고. 세운 목표를 이루기 위한 최선의 노력을 다해요.
　　성취욕이 있는 사람이 대부분 낙천적이고 자신감이 넘치듯이 3번 유형은 열정적으로 보이고 자신감 있게 행동해요. 3번 유형은 그들의 자신감만큼이나 공동체 안에서 쉽게 눈에 보여요. 그들의 인상은 깔끔하며 그들의 외모는 세련되어 있고, 그들의 언어에는 힘이 들어가 있어요.
　　3번 유형은 성취를 위한 효율을 중요하게 여겨요. 그래서 비효율적이고 비생산적인 일에 대해서 식상해 해요. 3번 유형의 머리는 비상하며 행동은 과감하기 때문에 비효율적인 일은 효율적으로, 비생산적인 일은 생산적인 일로 전환시키는데 빨라요.
　　그래서 때로는 편법을 쓰기도 해요. 이 부분이 1번 유형과 차이가 나는 지점이에요. 성취 지향적인 1번 유형은 방법에 있어서 정당하게 하기 위해서 더욱 자신을 완벽으로 몰아간다면, 3번 유형은 성취를 위해서 외부적인 조건을 쉽게 변경해요.

성경 인물 가운데 야곱을 떠올린다면 쉽게 이해가 될 거예요. 야곱은 뱃속에서부터 타고난 경쟁 꾼이었어요. 뱃속에서부터 형과 경쟁을 하더니, 자신이 원하는 것을 얻어내기 위해 형을 속이고, 아버지를 속여요. 이후에는 삼촌 라반과 경쟁을 하고 결국은 하나님과도 얍복 강가에서 씨름을 해요. 3번 유형의 삶에는 기만이 있을 수 있어요. 지나친 경쟁심으로 자신과 타인에 대해서 기만할 수 있어요.

자신이 3번 유형이라면 자신을 있는 그대로 사랑하는 방법을 배워야 해요. 하나님이 우리를 조건으로 보고 받아주신 것이 아니라 있는 모습 그대로 사랑해 주셨듯이 3번 유형은 자신을 있는 모습 그대로 받아들이는 노력을 해야 해요.

당신이 가치 있는 이유는 당신이 이룬 성취 때문이 아니라 존재 자체가 존귀하기 때문이에요. 당신이 사랑하는 사람이 3번 유형이라면 무조건적인 사랑을 해 주세요.

3번 유형의 어떤 조건 때문이 아닌 그 자체로 사랑해 주세요. 3번 유형의 곁에서 일관성 있는 태도를 보여 주며 때때로 조급해하는 3번 유형의 감정을 인정해 주고 품어 주세요.

야곱 같은 사람이 전형적인 3번 인물인데, 그는 성취욕이 누구보다 강한 사람이었어요. 그래서 끊임없이 무엇인가를 도전을 해요. 뱃속에서부터 형보다 먼저 나오기 위해서 경쟁을 했으니 정말 대단한 사람이지요.

3번은 '기만'에 능하기 때문에 성취를 위해서는 어느 정도의 기만은 있을 수 있다고 여겨요. 그래서 '정당화', '합리화'에 능한 사람이죠. 합리화를 시켜야 자신 안에서 벌어지는 내적 갈등을 어느 정도 해소 시킬 수 있기 때문이에요.

형과 아버지를 속인 야곱은 자신과 꼭 닮은 아내를 얻었어요. 그래서 두 아내는 하녀까지 동원해가며 야곱의 사랑을 얻기 위해 경쟁을 해요. 그래서 결국 아들 12명, 딸 1명을 얻었어요. 비록 끊임없이 경쟁하는 삶을 살지만, 그 덕분에 무엇인가를 크게 이루었어요.

야곱 덕분에 이스라엘은 민족적으로 크게 성장할 수 있는 기반을 마련해요. 그리고 야곱의 이름이 이스라엘로 변경되면서 결국, 야곱의 이름이 이스라엘 민족의 이름으로 확장되죠. 이것은 엄청난 성취예요. 야곱은 노년에 가뭄으로 인해서 애굽으로 내려가게 되었어요. 정든 고향을 떠나 타향살이가 시작된 것이지요.

어쩌면 평생을 걸쳐 이룬 모든 것을 떠나야 하는 순간이었지만 야곱은 애굽의 왕 바로를 만날 때 주눅 들지 않고 도리어 먼저 축복해 주는 여유를 보여 줬어요(창 47:7). 성숙한 3번의 모습을 보여줬어요.

3번 유형의 사람들은 자신이 성취한 것과 자신을 분리해서 볼 수 있어야 해요. 내가 성취한 성적, 급여, 조건들이 전부는 아니에요. 하나님 안에서 절대적인 가치를 지닌 자신을 볼 수 있기를 바라요.

3번 유형과 달콤한 데이트를 하기 위한 Tip

3번 유형의 노력에 대해서 진심으로 감사함을 표현해 주세요.
3번 유형과 다른 사람을 절대로 비교하지 마세요.

3번 유형의 조건이 아닌 존재를 사랑으로 품어 주세요.

4번 유형: 특별해 보이려는 사람

특성: 유일하고 특별한 존재로 보이려는 사람
　　　남들이 보지 못하는 사물의 본질을 찾으려고 노력한다.
　　　감정의 폭이 넓고, 깊이가 깊어 감정을 풍성하게 느낀다.
　　　독특하며 심미적이고 혼자만의 시간을 즐긴다.

스트레스를 받을 때: 수치심과 열등감으로 힘들어 한다.
　　　　　　　　　변덕스럽고 혼자만의 시간에 빠진다.

평화로운 상태일 때: 감수성이 풍부하며 창의적인 활동을 한다.
　　　　　　　　　다른 사람에 대한 이해심이 깊고 격려한다.

　4번 유형은 독특함을 추구하는 사람이에요. 세상은 4번 유형의 독특함과 창의력에 고마워해야 해요. 이 세상에 예술이 발달하고 사람들의 감성이 좀 더 풍성해진 것은 4번 유형의 도움 때문이에요.
　4번 유형은 눈이 4개 달린 사람이에요. 그들은 남들이 보지 못하는 것을 보며, 그것을 독창적인 방법으로 표현해요. 4번 유형은 겉이 아닌 속과 본질에 집중하기 때문에 때로는 4번 유형과 같은 눈을 지니지 않은 나머지 8가지 유형들은 4번 유형을 이해하지 못할 때가 종종 있어요.

4번 유형은 감정이 발달한 사람이에요. 다른 사람들이 느끼지 못하는 감정을 느끼며 살아가요. 그래서 때로는 4번 유형 역시 자신 안에서 느껴지는 감정이 어떤 감정인지 구분하지 못할 때가 있어요. 4번 유형이 감정이 발달한 만큼 4번 유형은 독특하며 심미적인 사고와 행동을 즐겨 해요.

대추 하나를 보더라도 진갈색의 대추 하나만 보는 것이 아니라 장석주 시인처럼 '저 안에 태풍이 몇 개, 저 안에 천둥이 몇 개, 저 안에 벼락이 몇 개, 저 안에 번개가 몇 개'가 들어 있는지를 보는 사람이에요.

4번 유형의 독특함은 세상이 이해하기 힘들 때가 있어요. 그래서 4번 유형은 '세상은 나를 이해하지 못해'라는 생각을 많이 해요. 그 결과 수치심과 열등감으로 힘들어하기도 해요. 그럴수록 4번 유형은 혼자만의 시간을 많이 가지며 폐쇄적으로 보일 수 있어요.

감성이 발달한 만큼 의지와 행동은 그만큼 덜 발달하기도 해요. 그래서 자신만의 독특함을 행동으로 세상에 표현하기보다는 혼자만의 상상으로 끝내기가 일수에요.

자신이 4번 유형이라면 좀 더 타인들과 삶의 많은 부분을 나눠 보세요. 생각보다 4번 유형의 독창적인 생각과 풍부한 감성이 타인들에게 받아들여질 수 있어요. 혼자만의 시간을 조금씩 줄이고 사랑하는 사람과 자신이 생각과 느낌을 나눠 보세요.

당신이 사랑하는 사람이 4번 유형이라면 그 사람의 독창성을 인정해 주세요. 그 사람은 별난 사람이 아니라 창의적인 사람이에요. 사랑하는 사람의 감정을 있는 그대로 인정하면서 종종 혼자 있기를 원한다면 그만큼의 시간을 허락해 주세요. 당신이 싫어서가 아니라 단지 시간이 좀 더 필요한 것뿐이에요.

요셉 같은 사람이 성숙한 4번의 모습을 보여 줘요. 4번의 별명 중에 '귀족'이 있어요. 4번은 귀족처럼 자신만의 고급스러운 스타일을 만들어 가요.

요셉의 삶은 옷과 많은 관련이 있어요. 요셉이 아버지와 함께 있을 때는 채색옷을 입었어요. 형들이 입는 보통의 옷과는 다른 독특한 옷을 입은 것이에요.

요셉은 보디발의 집에 있을 때는 종의 옷을 입고, 죄수가 되어서는 죄수의 옷을, 그리고 총리가 되었을 때는 총리의 옷을 입어요. 요셉은 모든 종류의 옷을 멋지게 다 소화해 냅니다. 모든 상황에서 요셉은 남들과 달랐어요. 남들과 다른 세련됨과 섬세함으로 어디를 가나 인정을 받아요.

4번 유형은 혼자 지내는 시간을 좋아하고 그 시간에 상상을 많이 하고 자신만의 이미지를 만드는 것에 능통해요. 그래서 요셉의 삶에는 많은 꿈과 이미지들이 등장하죠.

자신이 꾼 꿈에서 나온 곡식 단과 별 때문에 형들에게 미움을 받고, 술 맡은 관원장의 포도나무 꿈을 해석해 줘서 재기의 기회를 얻고, 바로의 소와 관련된 꿈을 해석해서 총리가 돼요. 이미지를 만들고 이미지를 해석하는 일에 능통해요.

4번인 요셉은 감정의 기복을 크게 느끼기도 해요. 형들을 만날 때 폭발하는 감정을 추스르지 못해서 울기도 하고, 아버지를 만나는데 있어서도 그냥 만나지 않고 독특한 방법을 동원해서 극적인 연출을 하기도 하지요. 모두 4번의 모습입니다.

4번 유형과 같이 살아가기 위한 Tip

4번 유형의 마음을 진심으로 공감해 주세요.
4번 유형의 창의적인 생각에 동의해 주시고 지지해 주세요.
4번 유형에게 혼자만의 시간을 허락해 주세요.

5번 유형: 지식을 얻기 위해 관찰하는 사람

특성: 보다 현명한 사람이 되고자 노력하는 사람
　　　지적인 호기심과 탐구심이 강하다.
　　　이성적이며 현명하며 객관적인 사람이 되고자 노력한다.
　　　매사에 신중하며 혼자만의 시간을 소중하게 여긴다.

스트레스를 받을 때: 자신의 생각과 감정을 억압한다.
　　　　　　　　　　인색해 보이며 신경이 예민해 보인다.

평화로운 상태일 때: 지적인 집중력이 강하며 분석적이다.
　　　　　　　　　　학문적인 성취감이 높고 사리분별력이 좋다.

5번 유형은 지적인 호기심이 강해요. 분석을 통한 학문적 성취감을 즐기는 사람이에요. 세상은 5번 유형 덕분에 학문적 발전을 이룰 수 있었어요. 지금도 5번 유형은 남들이 쉬고 있는 시간에 세상을 탐구하며 정보를 수집하고 분류하고 통합해요.

　새로운 개념의 가치들을 만들어 내고 있어요. 5번 유형은 이성이 발달한 사람들로서 매사에 신중함을 유지하려고 해요. 사람들과의 적당한 거리감을 유지함으로 자신의 자아를 보호하고 상대방에게 피해를 주지 않으려 해요.

　5번 유형의 지적 호기심은 배부른 적이 없어요. 5번 유형은 늘 세상에 대해서 궁금해해요. 사고가 발달했기에 행동은 느린 경향이 있어서 행동하기 까지 오랜 시간의 지적 검열의 시간을 보내야 해요.

　마치 바둑기사들이 바둑판에 돌 하나를 올려놓는 과정과 같아요. 평안하게 돌 하나를 올려놓기까지 바둑기사들의 머리는 전쟁터가 되어요. 수많은 경우의 수를 생각하고 돌 하나를 올려놓듯이 치열한 고민 끝에 5번 유형은 행동을 실행해요.

　5번 유형의 신중함이 나머지 8가지 유형들에게는 활력이 없어 보이기도 하고 감정 표현 능력이 부족하여 대인관계에 있어 소극적으로 보이기도 해요. 또한 5번 유형은 자신의 본심과는 다르게 인색하거나 날카로워 보이기도 해요.

　5번 유형은 자신의 생각과 감정에 자신감을 가지고 다른 사람들과 소통을 할 필요가 있어요. 5번 유형의 생각은 신중하며, 깊이 있는 판단을 하기 때문에 다른 사람들이 들을 만한 가치가 충분해요.

　당신이 5번 유형이라면 당신의 생각과 감정을 사랑하는 사람과 나눠 보세요. 생각의 결과만을 나누려 하지 말고 생각의 과정을 나눠 보세요. 함께 할 때, 보다 큰 인생의 의미를 발견하게 될 거에요. 사람은 누구나 실수를 해요.

실수해도 괜찮으니 자신에 대해서 스스로 억압하지 마세요. 당신의 실수를 보여 줄 때 사람들은 도리어 당신을 인간적인 사람으로 여길 거예요.

당신이 사랑하는 사람이 5번 유형이라면 5번 유형의 생각을 존중해 주세요. 그의 말에 귀를 기울여 주세요. 5번 유형은 때론 관계에 있어서 소극적으로 보이겠지만 당신이 싫어서가 아니라 좀 더 깊은 관계를 위해서 고민하고 있는 것이에요. 그의 신중함을 사랑해 주세요.

도마 같은 사람이 5번 유형의 사람이에요. 도마 하면 의심 많은 사람을 떠 올릴 만큼 도마는 사고 형의 사람이에요. 의심이 많다는 말은 믿음이 부족하다기보다는 생각이 많고 사고력이 발달했다는 의미에요.

도마는 주도적인 주류에 속한 사람이 아니에요. 적절한 거리감을 두고 떨어져서 상황과 사람에 대해서 분석하는 것을 즐기는 사람이에요. 성경에 도마와 관련된 사건은 3가지 정도 나오는데 전부 5번 유형의 모습을 잘 보여 주고 있어요.

첫 번째는 예수님에게 친구 나사로가 병들었다는 소식이 전해졌을 때에요. 이때 예수님은 나사로가 있는 베다니로 가시려고 했지만 제자들은 사회적 분위기 때문에 주춤했어요. 이때 잠잠히 생각에 잠겼던 도마가 '우리도 주와 함께 죽으러 가자'(요 11:16)라고 외쳐요. 누구도 예상하지 못했던 말이지요.

5번 유형은 생각이 깊은 사람이나 생각이 한번 결정되면 모든 고난까지도 감수하는 담대함이 있어요. 그래서 건강한 5번 유형 중에 좋은 리더가 많이 나와요.

두 번째는 예수님께서 십자가를 곧 지시는 밤에 내가 너희를 위하여 처소를 예비하러 간다고(요 14:2) 말씀하셨을 때인데요. 이때 누구도 말을 하지 못하고 있는데 도마가 이렇게 질문했어요. "주여 주께서 어디로 가시는지 우리가 알지 못하거늘 그 길을 어찌 알겠사옵나이까(요 14:5)?" 늘 궁금한 5번 유형은 질문이 많아요.

　세 번째는 예수님의 부활 이후에 예수님께서 제자들을 찾아오셨을 때로 도마는 예수님을 보지 못했어요. 예수님의 부활을 도저히 믿을 수가 없었던 도마는 '내가 그의 손의 못 자국을 보며 내 손가락을 그 못 자국에 넣으며 내 손을 그 옆구리에 넣어 보지 않고는 믿지 아니하겠노라'(요 20:25)라고 말했어요.

　5번 유형인 도마는 그냥 믿음으로만 믿을 수는 없었던 거예요. 하지만 예수님을 만나자 도마는 '나의 주님이시오 나의 하나님이시니이다'(요 20:28)라고 고백해요. 이때의 고백은 진짜 고백이며 도마는 이 말씀에 인생을 걸어요. 그래서 인도까지 가서 직접 교회를 세우고 결국 창에 찔려 순교하기 까지 자신이 확신하는 예수님을 전했어요.

5번 유형과 달콤한 데이트를 하기 위한 Tip

　5번 유형의 생각을 존중해 주세요.
　5번 유형에게 생각할 시간을 허락해 주세요.
　5번 유형의 표현되지 못한 감정들을 사랑해 주세요.

6번 유형: 안전을 추구하는 사람

특성: 자신의 삶을 안전하게 하고자 노력하는 사람
충실하고 성실하게 주어진 일을 잘 감당한다.
책임감이 강하고 공동체에 헌신적이다.
내면에 두려움과 공격성을 품고 있다.

스트레스를 받을 때: 불안감과 의심을 가득 품게 된다.
공격적인 모습을 보이기도 한다.

평화로운 상태일 때: 안정감 있게 주어진 일에 책임을 다한다.
공동체 안에서 좋은 인간관계를 맺는다.

    6번 유형은 안전을 추구하는 사람이에요. 자신에게 주어진 일에 대해서 최선을 다하는 사람이에요. 세상은 공동체에 헌신적인 6번 유형에 의해서 균형을 이루어요. 내가 속한 공동체가 안정감 있게 유지되고 있다면 그 안에는 분명 헌신적인 6번 유형이 있기 때문이에요.

    6번 유형은 자신의 생각을 과도하게 주장하기 보다는 공동체의 유익을 위해 희생할 줄 아는 사람이에요. 또한 인간관계에 있어서 서로간의 신뢰감을 중요하게 여기는 따뜻한 감정의 소유자예요.

    6번 유형은 안정적인 공동체를 만들기 위해서 상하관계를 잘 맺으며 윗사람의 권위를 인정하고 그의 말을 잘 들어요. 6번 유형의 내면에는

'당연'과 '의무' 조항이 가득해요. 6번 유형의 외적인 모습은 1번과 닮았어요. 하지만 내면은 결이 달라요.

1번 유형은 완벽을 추구하는 사람으로 완벽함을 이루기 위해 당연과 의무를 추구한다면, 6번 유형은 의존적인 사람으로서 당연과 의무를 고수해요. 6번 유형은 충성스러운 진돗개 같은 사람이에요. 진돗개가 한국을 상징하는 강아지이듯이, 한국 사람들은 6번 유형을 좋아해요.

이삭은 6번 유형의 전형적인 인물이라고 할 수 있어요. 이삭의 삶은 아버지 아브라함과 아들 야곱에 비해서 두드러지는 면이 없어요. 이삭은 아버지 아브라함에게 죽기까지 순응하는 모습을 보여줘요. 개척자인 아버지와 아들에 비해 이삭은 주어진 삶에 순응하며 잘 유지하기 위해서 노력하며 살아가요.

묵직해 보이는 6번 유형의 외모와는 달리 그의 내면은 두려워하고 있어요. 6번 유형이 불안감을 해소하기 위한 전략으로 삼은 것의 첫 번째는 공동체에 헌신하는 것이며, 두 번째는 그 반대로써 공동체에 공격적으로 나오는 거예요.

불안한 강아지가 공격적으로 짖어 대듯이 불안한 6번 유형은 강한 공격성을 드러내요. 충성스러운 6번 유형이 강한 공격성을 지니게 되면 테러리스트가 될 수 있어요. 테러리스트의 특징은 공동체에 대한 깊은 헌신과 강한 공격성에 있기 때문이에요.

당신이 6번 유형이라면 자신에 대해서 좀 더 자신감을 가져 보세요. 당신의 상황에 대해서 더 이상 불안해하지 않아도 돼요. 당신은 자신의 삶을 잘 이끌어 갈 거예요. 그러니 그만 불안해하고 초조해하세요. 당신이 사랑하는 사람이 6번 유형이라면 그에게 헌신과 봉사를 다 해주세요. 늘 봉사에 익숙한 6번 유형이 당신의 사랑의 봉사를 경험하는 순간, 내면의 평안과 안정감을 누리게 될 거예요.

당신이 사랑하는 6번 유형이 현재의 일에 많은 부담감을 가지고 있고, 미래에 대한 막연한 불안감을 느끼고 있다면 그의 곁에서 한결같은 사랑의 위로를 건네주세요. 곧 다시 힘차게 일어설 거예요.

베드로 같은 사람이 6번 유형이에요. 베드로는 기본적으로 안정을 추구하는 성향을 지녔는데 특별히 공동체의 안전을 중요하게 생각해요. 그래서 베드로가 등장하는 본문은 보통 누구와 같이 행동을 하는 모습을 보여 주고 있어요.

6번 유형인 베드로는 안전하다고 생각되면 충성을 다하는 성향을 지니고 있어요. 예수님의 초청에 배와 그물을 버려두고 예수님을 따른 베드로의 과단성과 충성심은 시간이 지나도 변하지 않아요.

또한 6번 유형인 베드로는 충실한 2인자의 역할을 감당했어요. 예수님보다 절대로 앞서지 않았죠. 조직을 잘 이끌어 가는 베드로는 예수님의 승천 이후에 초대교회를 이끄는 수장으로서의 역할을 잘 감당해요.

6번 유형인 베드로는 또한 머리를 쓰는 사고형의 사람이에요. 예수님께서 가이사랴 빌립보에서 '너희는 나를 누구라 하느냐'는 질문에 베드로는 잘 정돈된 믿음의 고백을 해요. '주는 그리스도시오 살아 계신 하나님의 아들이시니이다'(마 16:16).

100점짜리 믿음의 고백이에요. 머리를 전혀 쓰지 않을 것 같은 베드로이지만 6번 유형은 기본적으로 머리를 즐겨 쓰는 스타일이에요. 사도행전(행 2:41)에서도 베드로가 설교하면 한 번에 삼천 명이 예수님을 믿을 정도로 명쾌한 설교자였어요.

하지만 6번 유형인 베드로는 불안을 느끼는 순간 믿음을 배신하기도 해요. 예수님을 3번이나 모른다고 부정한 모습이 바로 이 모습이에요.

건강한 6번 유형인 베드로는 사고형의 충성된 모습을 보여 주지만, 불안한 6번 유형의 베드로에게는 소극적이고 배신자의 모습을 보여요. 오순절 성령의 충만함을 경험한 베드로는 세상도 못 말리는 절대 충성, 예수님의 제자가 되어요.

6번 유형과 달콤한 데이트를 하기 위한 Tip

6번 유형의 헌신적인 사랑에 깊은 감사를 표현해 주세요.
6번 유형의 한결같은 성실한 모습을 격려해 주세요.
6번 유형이 불안해 할 때 평화롭게 그의 곁을 지켜 주세요.

7번 유형: 즐거움을 계획하는 사람

특성: 미래지향적인 사람으로 즐거움을 추구하는 사람
  끊임없이 흥미로운 것을 계획하고 실행한다.
  타인에게 긍정적인 에너지를 준다.
  나르시시즘(Narcissism)이 강하고 이상주의적 사고를 한다.

스트레스를 받을 때: 인내심이 부족하고 일상적인 일에 쉽게
  싫증을 낸다.

> 고통을 직면하는 힘이 약하여 회피한다.
>
> 평화로운 상태일 때: 팔방미인으로 다양한 재능을 발휘한다.
> 공동체에 긍정적인 에너지를 준다.

7번 유형은 밝고 긍정적인 에너지를 지닌 사람으로서 공동체에 활력을 주는 사람이에요. 세상은 7번 유형의 긍정적이고 밝은 에너지 덕분에 유쾌해 지고 있어요. 7번 유형과 함께 하면 지루할 틈이 없어요.

7번 유형은 활기차고 낙천적이며 주변에 대한 호기심이 가득해요. 이들은 끊임없이 즐거운 계획을 세우고 이를 실행해 가요. 7번 유형의 혈관에는 피가 아니라 포도주가 흐르고 있다고도 하죠. 그만큼 흥미와 재미를 추구하는 삶을 살아가요. 7번 유형은 주변 사람들에게 매력적으로 느껴져요. 그들은 유쾌하고 흥미로운 이야기꾼으로서 입을 열면 모든 사람의 시선을 단번에 사로잡아요.

이들은 재미를 향한 도전을 즐겨요. 한 가지의 일, 단조로운 일에 쉽게 싫증을 내며 새로운 흥밋거리를 찾아 헤매요. '배스킨라빈스 31'은 아마 7번 유형에 의해서 만들어졌을 거예요. 7번 유형은 자기애가 강한 사람이기도 해서 자신에 대한 지나친 애착과 자신감이 강해요.

7번 유형은 또한 이상주의적 사고가 강해요. 어떤 일에 대한 부정적인 면은 회피하고 긍정적인 면만을 편집적으로 생각하려고 해요. 이런 7번 유형의 기질로 인해서 세상은 보다 활력을 얻으며 불가능에 도전하기도 해요.

하지만 7번 유형은 인내심이 부족해요. 단조로운 일에 쉽게 흥미를 잃어버리는 7번 유형은 인내라는 단어를 멀리해요. 고통을 직면하는 힘이 약해서 고통은 피해야 할 대상이지 참고 견뎌야 할 것이 아니라고 생각해요. 인간관계 역시 가볍고 넓게 맺으려 하는 경향이 있어요.

인간관계는 반드시 갈등이 생기기 마련인데, 7번 유형은 갈등 해결에 대한 미숙함을 보이기도 해요. 이상주의적 사고가 문제를 해결하는데 도움을 주기도 하지만 문제를 문제로 보지 못하게 하기도 해요.

당신이 만약 7번 유형이라면 깊은 인간관계를 시도해 보세요. 연애를 하다 보면 반드시 갈등과 위기를 맞이해요. 문제는 피해야 할 것이 아니라 극복해야 할 거예요. 인간관계는 문제를 함께 극복해 감으로써 더욱 단단해지는 거예요. 당신이 사랑하는 사람이 7번 유형이라면 그의 긍정적 에너지에 기대어 함께 즐겨 주세요.

함께 즐길 때 7번 유형은 사랑받는 느낌을 크게 받을 거예요. 또한 7번 유형은 큰 그림을 잘 그리지만, 세부적인 면에서는 실수를 할 수 있으니 당신이 그의 부족한 부분을 채워 주세요. 당신으로 인해 그는 더욱 성숙한 사람이 될 거예요.

솔로몬 같은 사람이 7번 유형의 사람이에요. 7번 유형이 그런 것처럼 솔로몬은 매사에 열정과 활기가 넘치는 사람이었어요. 솔로몬은 창의력이 뛰어나고 다재다능하며 손대는 모든 것을 끝내주게 해내는 팔방미인이에요.

하나님께 다른 것이 아닌 지혜를 구한 솔로몬과 같은 7번 유형은 기본적으로 머리를 잘 쓰는 머리 유형의 사람이에요. 머리 유형답게 솔로몬은 지혜를 구하고, 모든 면에 지혜로운 모습을 보여 줬어요. 솔로몬은 동양의 모든 사람의 지혜와 이집트의 모든 지혜보다 뛰어났어요(왕상

4:30).

그래서 그는 3천 가지의 잠언과 1천여 곡의 노래를 지었어요. 솔로몬은 지금 시대가 요구하는 융합과 통섭의 사람으로 지혜와 창의력이 대단한 사람이지요. 정치적으로는 전국을 12개의 행정구역으로 재편성했고, 경제적으로는 이집트와 페니키아, 아랍 등과 무역을 장려하고 조선소도 설치해서 국가를 부강하게 만들었어요.

하지만 7번 유형이 그러하듯이 솔로몬은 쉽게 싫증을 내는 사람이었어요. 쾌락도 창의적으로 끝까지 즐기며 후궁이 700명이고 첩을 300명을 둘 정도로 정욕에 약한 사람이었어요. 다재다능한 솔로몬은 그 재능의 목적과 방향을 분명히 해야 했어요. 그랬다면 솔로몬 이후에 나라가 분열되고 어려움을 당하지 않았을 거예요.

7번 유형과 달콤한 데이트를 하기 위한 Tip

7번 유형의 이벤트에 진심으로 고마움을 표현해 주세요.
7번 유형의 어린아이와 같은 모습을 순수하게 바라봐 주세요.
7번 유형이 고통을 피하려 할 때 그의 곁에서 그를 지탱해 주세요.

8번 유형: 강해지길 원하는 사람

특성: 자신감이 넘치며 강해 보이길 원하는 사람
　　　용기와 패기가 넘치며 열정을 다해 살아간다.
　　　명령을 받는 것보다 명령하길 좋아한다.
　　　장애물을 극복하는 것으로 희열로 느낀다.

스트레스를 받을 때: 다른 사람의 나약함을 용납하지 못한다.
　　　　　　　　　자신의 약함도 용납하지 못한다.

평화로운 상태일 때: 강한 리더십으로 공동체를 이끌어 간다.
　　　　　　　　　불가능한 일을 가능한 일로 만드는 힘이 있다.

　8번 유형은 강한 힘을 추구하는 사람이에요. 8번 유형은 실제로 강할 뿐 아니라 계속적으로 강해지기 위해서 노력하는 사람이에요. 자신이 옳다고 여기는 일에 대해서 열정을 다하며, 이에 대해서 반대하는 사람이나 장애물은 극복해야 할 대상으로 여겨요.
　곁에 있는 것만으로도 용기와 패기를 느낄 수 있지요. 8번 유형의 목소리는 언제나 우렁차고 그의 행동은 묵직하며 신속해요. 8번 유형의 외모는 보통 골격이 크고 얼굴의 광대뼈가 돌출되고 눈빛은 빛이 나요.
　8번 유형의 기질은 어려움을 만날 때 빛을 발해요. 장애물은 있기 마련이며 장애물이 높을수록 극복하고자 하는 큰 열망을 뿜어내기 때문에 나약함이란 단어를 입 밖으로 내지 않아요. 타인의 나약함뿐만 아니라 자신의 나약함도 용납하지 않아요.

8번 유형의 눈은 비판에 예민하여 주변 사람의 결핍을 잘 찾아내요. 남들보다 다른 사람의 결핍이 잘 보인다면 8번 유형일 가능성이 높아요. 정의에 대한 강한 열망이 있고 잘못된 것을 바로잡고자 하는 마음이 커요.

때로는 강점이 약점이 되기도 하는데, 강한 힘을 지닌 8번 유형은 타인에게 강압적으로 보일 때가 많아요. 직설적인 화법을 잘 사용하는 8번 유형의 말은 내향적인 사람들이 듣기에는 상처가 되기도 해요.

강한 힘으로 문제를 돌파하는 8번 유형은 나약한 사람들에 대한 이해가 부족하기 때문에 그들은 격려하기 위해서 한 말인데도 다른 사람들이 듣기에는 공격하는 것처럼 들리기도 해요. '눈에는 눈, 이에는 이'라는 말씀을 좋아하는 8번 유형은 받은 만큼은 꼭 되돌려 주어요. 아니 이자를 더해서 갚아요.

만약에 당신이 8번 유형이라면 복수하려는 분노의 마음을 다스리기 바라요. 공격성이 강한 8번 유형의 말과 표정은 다른 나머지 8가지 유형의 사람들에게는 부담스러워요.

8번 유형은 나머지 8가지 유형의 연약함에 대해서 한 번 더 생각해 주길 바라요. 8번 유형이 쉽게 하는 일이 다른 유형의 사람들에게는 어렵거나 불가능해 보일 수 있어요.

당신의 사랑하는 사람이 8번 유형이라면 8번 유형이 하는 말과 표정에 상처받지 마세요. 당신이 밉거나 싫어서 그런 것이 아니라 사랑의 마음이 커서 그렇게 표현되었을 뿐이에요. 8번 유형이 한계에 부딪쳐 때로는 깊은 좌절에 빠질 수도 있어요.

그때가 바로 당신이 8번 유형을 얼마나 사랑하는지를 표현할 절호의 기회에요. 그의 곁에서 그를 항상 변함없는 사랑의 위로를 해 주세요. 언제 그랬냐는 듯이 곧바로 일어설 거예요.

다윗 같은 사람이 8번 유형의 리더예요. 지금도 이스라엘 사람들에게 가장 큰 존경을 받는 왕으로서 다윗은 리더 중에 리더예요. 8번 유형인 다윗은 어릴 적부터 독립심이 강하고 다른 사람의 시선에 큰 영향을 받지 않았어요.

사무엘이 왕이 될 사람을 찾기 위해 자신의 집에 왔을 때도 혼자 밖에서 무덤덤하게 양을 칠 만큼 독립심이 강했어요. 그는 들판에서 양을 치면서도 곰과 사자를 죽일 만큼의 힘을 기르고 있었어요.

골리앗과의 전쟁 중에 큰 형 엘리압을 만났을 때 엘리압은 다윗이 교만하여 전쟁을 구경하러 왔다고 소리쳤어요(삼상 17:28). 그러나 다윗은 형의 말에 신경도 쓰지 않고 골리앗과 싸움을 하러 갔어요. 강한 8번 유형의 모습을 보여주는 거예요. 누구도 골리앗을 향해 나가지 못하는데 다윗은 물맷돌을 들고 나가 돌을 던져 쓰러뜨리고 골리앗의 칼로 골리앗의 머리를 베어버렸어요.

다윗은 어디서나 대장 역할을 해요. 다윗은 적은 강하게 대하지만 약자는 한없이 보호하려고 해요. 그래서 장애를 지니고 있는 요나단의 아들을 친 아들처럼 대해 줘요. 도망자 신세로 떠돌아다닐 때도 여러 상처와 아픔을 지닌 400명을 거느리게 되지요.

하지만 지배욕이 강한 다윗은 밧세바 마저도 소유하려고 했다가 자신의 정욕을 다스리지 못하여 결국 가정에 큰 위기를 경험해요. 좋은 리더로서 자질을 지닌 8번 유형은 자신 안의 불같은 욕망을 잘 다스려야 해요.

8번 유형과 달콤한 데이트를 하기 위한 Tip

8번 유형의 리더십에 좋은 팔로워가 되어 주세요.
8번 유형이 표현하는 말보다 그의 마음에 집중해 보세요.
8번 유형의 약함을 있는 그대로 사랑해 주세요.

9번 유형: 평화를 추구하는 사람

특성: 분쟁이 있는 곳에 평화의 빛을 비추는 사람
　　　안정감과 조화로움을 삶의 덕목으로 여긴다.
　　　역지사지의 마음으로 타인의 마음을 헤아린다.
　　　타인과 외부 환경에 쉽게 동화된다.

스트레스를 받을 때: 문제를 회피하거나 억압한다.
　　　　　　　　　감당할 수 없는 문제를 만나면 누구보다
　　　　　　　　　강한 분노를 보인다.

평화로운 상태일 때: 포용력과 이해력이 강하다.
　　　　　　　　　주어진 환경에 잘 적응하여 조직을
　　　　　　　　　건강하게 만든다.

9번 유형은 타고난 피스 메이커(peace maker)에요. 9번 유형이 가는 곳에서는 언제나 평화와 화해의 일이 일어나요. 세상은 9번 유형의 헌신으로 인해서 평화를 유지하고 있어요. 9번 유형이 없다면 서로 다른 나머지 8가지 유형의 사람들은 서로를 이해하지 못하여 혼란에 빠질 수도 있어요.

9번 유형은 묵직하고 듬직한 인상을 풍기며 성격이 온화하여 누구와도 조화롭게 지낼 수 있어요. 성격이 강한 8번 유형과도, 독특함으로 이해하기 힘든 4번 유형과도, 대인관계에 있어서 소극적인 5번 유형과도 조화롭게 지낼 수 있는 능력을 지니고 있어요.

9번 유형은 불편한 관계를 매우 싫어해요. 다른 사람을 위해서 싫어하다기보다는 스스로가 그런 환경을 힘들어해요. 어쩌면 9번 유형의 화평은 자신을 위한 몸부림일 수도 있어요.

그래서 9번 유형은 자신의 목소리를 잘 내지 않아요. 다른 사람의 목소리를 다 듣고 가장 마지막에 자신의 의견을 말하는 사람이 있다면 9번 유형일 가능성이 상당히 높아요. 9번 유형은 주어진 환경에 대한 적응력이 빠르고 반복적인 일, 큰 변화가 없는 일을 지속적으로 꾸준하게 해내요.

화평을 추구하는 9번 유형은 게으른 자아를 지니고 있어서 모든 결정과 행동을 뒤로 미뤄요. 스스로 결정 하다기 보다는 결정된 일을 따라가는 모습을 보이지요. 이들은 불편한 관계를 싫어하기 때문에 그런 상황이 벌어지면 오락, 유머, 귀여운 애교 등으로 문제를 피해 가려고 해요.

문제가 생겼을 때 강하게 돌파하는 8번 유형이나 3번 유형과는 다르게 9번 유형의 문제 해결 방식은 온화해요. 9번 유형은 자신에게 문제가 생길 때 문제를 마취시키려고 해요. 문제를 회피하거나 때로는 잠을 자는데 이때 잠은 문제로부터 회피하려는 행동이라고 볼 수 있어요.

만약 당신이 9번 유형이라면 조금만 더 적극적으로 자신을 표현해 주시기 바라요. 다른 사람에 대한 배려는 너무 좋은 태도이지만 자칫 나태하거나 게으른 사람으로 비춰질 수 있어요.

때로는 자신의 주장도 힘 있게 해 보시기 바라요. 평상시에 다른 사람의 의견을 잘 들어주고 따라주었던 당신의 의견에 다른 사람들 역시 좋은 반응을 보일 거예요.

당신이 사랑하는 사람이 9번 유형이라면 결정을 잘 못 내리는 상황에 조급해하지 말고 결정할 수 있는 시간을 허락해 주세요. 대신 결정하지 마시고 9번 유형이 결정할 수 있도록 기다려 주세요.

서로의 의견이 대립 되는 순간에 9번 유형이 문제를 의도적으로 회피하려고 한다면 한 번쯤은 문제를 피하지 말고 직면하여 다룰 수 있도록 도와주세요. 회피의 문제를 극복한 9번 유형은 누구보다 사랑스러운 존재가 될 거예요.

믿음의 조상 아브라함 같은 사람이 9번 유형이에요. 9번 유형인 아브라함은 평화주의자에요. 그는 누구와도 분쟁을 싫어하고 평화롭게 지내길 원해요. 9번 유형이 그렇듯이 아브라함은 누구보다도 큰 힘을 지니고 있으면서도 그 힘을 발산하기보다는 속에 담고 살아가요.

외유내강이란 단어가 참 잘 어울리는 사람이 아브라함이에요. 누구와도 분쟁을 싫어하는 아브라함은 때로는 과감한 선택을 회피했는데 자신의 생각을 강하게 주장하고 무엇인가를 선택하는 순간 반대편에 있는 사람과 의견에 대립이 생기기 때문이죠. 그래서 될 수 있으면 선택을 하지 않는 것이고 그 모습이 종종 게을러 보이게 하는 거예요.

아브라함은 갈대아 우르에서 떠나 믿음의 길을 가던 중에 하란에 잠시 머물게 되었어요. 그런데 그곳에서 게으름을 피우다가 결국 아버지 데라가 죽어야 길을 다시 떠나요. 간절히 아들을 원하지만, 아들이 생기지 않자 아내 사래가 하갈을 통해 아들을 낳으라고 요구해요. 거절할 만도 한데 아브라함은 이를 받아 들여 이스마엘을 낳지만 결국 이것 때문에 사래와의 갈등은 더 심해지게 돼요.

결국 하갈 편도 들지 못하고 사래 편도 들지 못하는 아브라함은 사래에게 당신의 종이니 좋을 대로 하라고 해요. 이렇듯 또 결정을 못 하고 넘기는 거예요. 모든 사람과 평화롭게 지내려고 하는 아브라함은 바로의 왕과의 대립이 힘들어 아내 사래를 동생이라고 말하고 바로에게 넘겨줬어요. 남편으로서는 정말 빵점이죠. 하지만 점점 성숙해 가는 아브라함은 꾸준하게 믿음의 여행을 걸어가고 결국 믿음의 조상이 돼요.

9번 유형과 달콤한 데이트를 하기 위한 Tip

9번 유형의 온화하고 부드러운 마음에 감사를 표현해 주세요.
9번 유형이 제시하는 의견에 조금은 극적인 동의를 표현해 주세요.
9번 유형의 성실과 끈기를 기쁜 마음으로 격려해 주세요.

에니어그램의 적용

어때요. 에니어그램 정말 쉽죠. 에니어그램의 유형을 파악하기 위한 설문지도 있으나 위에서 설명한 내용을 시간을 가지고 천천히 읽어 보는 것만으로도 자신의 유형을 발견할 수 있을 거예요.

에니어그램의 적용은 다음과 같은 세 가지의 단계를 통해서 이루어져요.

관찰 – 수용 – 성화

관찰:

자신의 유형을 발견하길 원한다면 먼저는 다른 사람에게 방해받지 않을 조용한 시간을 정해서 글을 읽어 보고 자신과 정직하게 만나보세요. 내 안에 어떤 두려움과 욕망과 역동이 있는지가 느껴질 때까지 자신과 대화를 시도해 보세요. 소크라테스의 말처럼 먼저는 '나 자신을 알아야' 해요.

사람은 자신만의 MUST를 가지고 살아가요. '나는…해야 사랑 받을 수 있다'라는 자신만의 당위성을 만들어 스스로를 이 MUST 안에 가두어 살아가요.

1번 유형은 나는 완벽해야 사랑 받을 수 있다.
2번 유형은 나는 베풀어야 사랑 받을 수 있다.
3번 유형은 나는 성공해야 사랑 받을 수 있다.
4번 유형은 나는 특별해야 사랑 받을 수 있다.
5번 유형은 나는 박식해야 사랑 받을 수 있다.
6번 유형은 나는 충직해야 사랑 받을 수 있다.
7번 유형은 나는 유쾌해야 사랑 받을 수 있다.

8번 유형은 나는 강력해야 사랑 받을 수 있다.

9번 유형은 나는 화평해야 사랑 받을 수 있다.

이와 같은 각 유형의 MUST 때문에 세상은 좀 더 좋은 세상으로 변해 가기도 해요. 각 유형의 노력으로 인해서 세상은 좀 더 완벽해지고, 사랑이 가득하고, 발전하고, 아름다워지며, 지적 성과를 이루며, 안전해지며, 즐거워지고, 강해지며, 평화로워져요. 하지만 왜곡된 MUST는 스스로를 옥에 가두어 힘들게 할 뿐이에요.

건강한 데이트는 하나님 안에서 교제하는 가운데 내 안의 MUST를 발견하여 극복해 나가는 과정이에요. 데이트는 서로의 성장을 기본으로 해야 해요. 서로를 성장하지 못하게 만드는 데이트는 그만두어야 해요.

데이트를 통해서 내가 성장하고 상대방이 성장하고 있다면 그 관계는 아름다운 관계지만 데이트를 하면 할수록 집착이 강해지고 욕망을 따라 움직이며 주변 사람들에게 좋지 않은 시선을 받는다면 그 데이트는 역기능적인 데이트에요. 건강한 데이트를 통해서 서로가 성장할 수 있도록 도와주어야 해요. 서로의 유형을 발견하고 서로 나누는 시간을 가져 보세요.

수용:

두 번째 적용은 수용이에요. 자신의 그림자를 있는 그대로 받아들이는 것은 쉽지 않은 일이에요. 사람들이 자녀의 죽음, 암과 같은 큰 병에 걸려 심리적으로 받아들이기 힘든 일을 경험할 때 첫 번째로 보이는 반응은 부정이에요. "아닐 거야. 꿈을 꾸고 있는 것일 거야. 의사가 오진한 것일 거야. 그럴 리가 없어" 등의 반응을 보여요. 자신의 현실에 대해서 부정하는 한 문제를 해결할 수는 없어요. 모든 치료는 자신의 모습과 상황을 있는 그대로 수용할 때 일어나요.

에니어그램은 다른 성격유형 검사와는 다르게 성격의 어두운 곳에 빛을 비추기 때문에 때로는 자신의 유형을 부정하게 돼요. '나는 이 정도는 아니야!'란 마음이 들기도 한다는 거죠. 받아들이기 바라요. 그 모습까지도 당신의 모습이에요. 자신의 모습을 있는 그대로 수용할 때 그때부터 변화를 위한 도전을 시작해요.

성화:

세 번째 적용은 성화에요. 에니어그램의 마지막 단계는 성화에요. 보통 에니어그램을 말하는 다른 기관에서는 '자기변형'이란 단어를 즐겨 사용해요. 하지만 인간은 스스로 자기 변형을 이룰 수 없는 존재예요.

왜냐하면 의지마저도 타락되었기 때문에 변화를 이루기 위한 노력은 작심삼일로 끝이 나요. 우리는 성화되어져가는 존재로서 성화는 나의 집착으로부터 해방되어 자유로운 존재가 되는 거예요. 이제는 내가 만든 MUST에 갇혀 살아가는 것이 아니라 어느 것에도 메이지 않는 자유로운 존재가 되는 거예요.

9가지 유형의 MUST에 갇혀 살아가는 것이 아니라 9가지의 성령의 열매를 맺으며 살아가는 거지요. 에니어그램의 9가지 유형은 성령의 9가지 열매를 통해서 성화될 수 있어요.

1유형 – 양선
2유형 – 사랑
3유형 – 절제

4유형 – 자비

5유형 – 참음

6유형 – 충성

7유형 – 희락

8유형 – 온유

9유형 – 화평

변화는 성령님이 만들어 가시는 사역이에요. 우리는 단지 하나님 안에 거할 뿐이에요. 데이트는 하나님이 만드시는 것으로써 하나님 앞에서 해야만 해요. 하나님 앞에서 함께 할 때 서로의 부족함을 채워 주는 돕는 배필로서 준비되는 삶 즐길 수 있을 거예요. 이제 성령 안에서 결혼생활 하세요.

7
조금 더 성숙한 관계가 되려면 어떻게 해야 하나요?

성숙한 인간관계의 과정

이제 성숙한 인간관계로 가는 과정을 살펴보도록 해요.

〈결혼의 여정〉

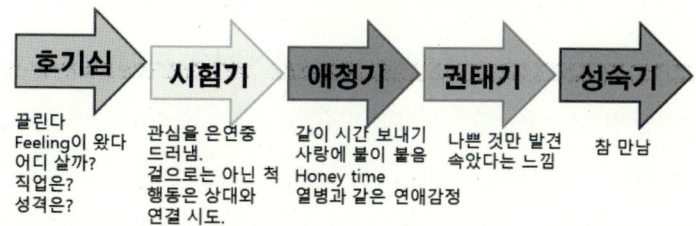

위의 표는 성숙한 인간관계로 가는 과정이에요. 결혼학교에 오신 여러분은 주로 호기심에서 애정기까지 발전해 왔을 거예요.

호기심 단계에서는 관심 대상이 있을 경우 '끌린다, 느낌이 왔다, 어디 살까? 직업은? 성격' 등이 궁금해요.

다음 시험 단계에서는 은연중에 관심을 드러내게 되어요. 아닌 척하지만 상대방과의 연결을 계속 시도해요. 예를 들면 "밥 같이 먹을래요?", "차 한 잔 하시겠어요?" 하면서 접근을 해요. 상대를 알기 위해 여러 가지 노력하고, 이런저런 시험을 한 후에 상대를 좋아하기 시작해요.

그다음 단계는 애정기예요. 애정기에 돌입하면 둘이 같이 있기만 해도 좋을 것 같은 달달한 감정이 샘솟듯 생겨요. 열병과 같은 연애 감정을 느끼고 하루 종일 그 사람을 생각해요. 옷을 입어도 그 사람을 생각하며 입고, 음식을 먹어도 그 사람도 함께 먹을 생각을 하며 행복해 해요. 영화를 봐도 그 사람을 생각해요. 그 사람의 모든 것이 좋아 보여요. 사람들은 흔히 이 시기를 '눈에 콩깍지가 씌었다'고 말해요.

대부분의 사람들은 애정기에 결혼을 약속하고 결혼식을 해요. 드디어 꿈같은 신혼을 맞이하며 이제는 헤어지지 않아도 되는 것이 기쁘죠. 하지만 결혼을 한 이후에도 애정기에 느꼈던 '같이 있기만 해도 좋겠다'는 그 감정이 계속 유지될까요? 같이 있기만 해도 좋겠다는 그 감정은 이제 더 이상 유지되지 않아요.

왜냐하면 이제 둘이 한 공간에 있기 때문이에요. 떨어져 있을 때 '함께 있으면 얼마나 좋을까?' 생각했던 감정은 함께 있기 때문에 자연적으로 소멸 되어요. 그런데 주의할 것은 '함께 있으면 얼마나 좋을까?'라는 감정이 소멸되면, 드디어 상대의 단점이 보이기 시작해요. 애정기 동안 한 번도 보지 못했던 단점들을 보는 눈이 열리는 놀라운 경험을 하게 되어요.

'음식을 먹을 때에 쩝쩝하는 소리를 내면서 먹는다', '치약을 중간부터 짠다', '신발을 가지런하게 벗지 않는다', '화장품 뚜껑을 닫지 않는다', '양말을 벗어서 뒤집어 놓는다' 등 상대의 좋지 않은 생활습관이 눈에 들어오기 시작해요. 권태기에 진입하기 시작한 거예요.

권태기에는 연애할 때 보지 못했던 문제들이 비로소 보이기 시작하는 때에요. 주의해야 하는 것은 상대의 모든 장점이 다 없어지고 단점만 있는 것이 아니라는 사실이에요.

애정기에 상대를 환상으로 포장했던 포장지가 벗겨지는 권태기를 잘 극복해야 성숙기에 들어갈 수 있어요. 어떤 자매는 형제의 단점만 보이기 시작하는 눈이 열리자, 속아서 결혼했다는 생각을 하고 좌절해요.

"그래그래 다 해줄게" 하던 오빠인 줄 알고 결혼을 했는데 퇴근 후 일찍 오지도 않고, 심지어 육아를 혼자 감당하게 하는 일이 자주 발생하자, '앞으로 저 사람과 어떻게 살아갈 수 있을까' 생각하니 앞이 캄캄하다고 해요. 남편도 마찬가지예요. 순한 양 같은 아내가 소리를 지르자 기겁을 해요. 내가 연애할 때 봤던 그 자매가 맞아? 하면서 의심을 해요.

그러나 분명하게 알아야 하는 것은 애정기에는 기대 이상으로 '환상'이라는 포장지로 포장을 하고 상대를 봐요. 중요한 것은 환상의 포장지는 상대가 만들어 준 것이 아니라 자신이 스스로 포장한 거예요. 내 눈이 그렇게 보고 싶은 거예요. 상대를 향한 처음 착각이에요. 그러기 때문에 결혼하게 되어요.

두 번째 착각은 권태기 때에요. 상대방을 사실 이하로 판단하고 '환멸'이라는 포장지로 포장을 해요. 환멸의 포장지도 상대가 만들어 준 것이 아니에요. 자신이 스스로 포장한 거예요.

기억해야 하는 것은 결혼하는 모든 부부가 이러한 과정을 겪어요. 이것은 성숙한 인간관계로 가는 과정이에요. 환상과 환멸로 포장한 시기가 지나가면 배우자의 진면목을 보게 되어요. 그 사람의 사람됨을 알게 되는 거죠. 배우자의 장점과 단점을 객관적 시각을 가지고 보게 되어요. 사람은 누구나 연약함이 있다는 것도 인정하게 되어요.

이 과정을 잘 해결해 나가면 성숙기로 진입하게 되어요. 하지만 많은 사람이 성숙기로 진입하는 것에 실패해요. 권태기에 머물러 있으면서 자신을 위해 상대의 단점을 고치기 위해 애쓰며 불행한 결혼생활을 유지해요.

얼마 전에 민철이가 밤에 찾아 왔어요. 결혼한 지 1년이 갓 지난 민철이의 호소는 아침밥이었어요. 민철이의 가정에서는 아침마다 어머니가 따뜻한 밥을 지었어요. 온 가족이 그 밥을 먹고 각자의 삶의 터전으로 나갔어요.

그런데 결혼을 하고 나니 아내가 챙겨주기는커녕 본인이 스스로 아침밥을 챙겨 먹고 출근해야 했어요. 어느덧 1년이 지나자 이러한 일상이 당연하게 받아들여지기보다는 너무 비참한 생각이 들었어요.

그래서 민철이는 어느 날 조심스럽게 아내 민혜에게 당신이 차려 주는 아침밥을 먹고 싶다고 했어요. 이 말을 들은 민혜는 자신은 "늦게 일어나기 때문에 아침밥을 챙겨 줄 수 없다"고 단호하게 의견을 전달했어요. 행복이 차곡차곡 쌓여 가야 할 부부의 가슴에 서로에 대한 서운함으로 쌓여 가는 모습을 보고 마음이 아팠어요.

결혼의 창시자이신 하나님께서 설계하신 결혼 목적은 '돕는 배필'이에요. 그리스도인의 결혼 목적과 세상 사람들의 결혼 목적은 전혀 달라요. 하나님께서 하와를 지으실 때 "내가 그를 위하여 돕는 배필을 짓는다."고 말씀하셨어요.

서로를 돕기 위해 결혼하는 거예요. 권태기 때 남편의 단점이 보인다면 나에게 맞추기 위해 고치려고 싸우기보다는 남편을 위해 어떻게 도울지 생각하며 기도해야 해요. 아내의 단점이 보이면 아내를 위해 어떻게 도울지 고민하며 기도해야 해요.

아내 수미의 습관으로 마음이 심히 불편해진 남편 경일이가 찾아와 말했어요. 아내 수미는 화장을 하기 위해 사용한 화장지를 쓰레기통에 넣지 않았어요. 화장대 주변에 놓아둔 채 아침에 출근한다고 해요. 쓰레기통이 화장대 바로 옆에 있는데도 불구하고 쓰레기통에 넣지 않고 화장대 주변에 그냥 버려두었어요. 한두 번 정도는 아침에 바빠서 그렇겠지 하고 이해했어요.

그러나 아내 수미는 거의 매일 같은 행동을 반복했어요. 형제는 자매에게 자신이 쓴 화장지를 휴지통에 넣으면 좋겠다고 정중하게 요청했어요. 그러나 아내 수미의 오래된 습관은 고쳐지지 않았고 시간이 지나자 형제의 마음은 점점 더 불편해지기 시작했어요. 심지어는 아내가 자신을 무시한다는 생각까지 들었어요.

형제 경일이는 어떻게 해야 할까요? 자신이 쓴 휴지를 치우지 않는 것은 분명히 아내의 잘못이에요. 그러나 휴지를 쓰레기통에 넣지 않는 일로 매일 아침마다 싸우는 것은 좋지 않아요. 그래서 아내를 사랑하는 마음으로 휴지를 치워주는 것이 필요하다고 말해 주었어요.

그때 남편 경일이가 걱정스런 얼굴을 하면서 질문했어요. "제가 휴지를 치워주면 아내의 잘못된 습관이 계속 유지되면 어떻게 하지요?" 충분히 걱정이 될 수 있는 문제에요. 그러나 아내 수미는 남편 경일이가 휴지를 치우지 않는 자신 때문에 마음에 불편함이 있다는 것을 이미 알고 있어요. 그렇기 때문에 더 이상 잔소리를 하지 않고 자신의 잘못된 습관을 보완해 줄 때 남편 경일이의 진심이 전달되고 감동 받아요. 아내가 남편의 진심을 알면 자신의 행동을 고치려고 노력하기 시작해요.

예수님을 믿는 성도는 문제가 생길 때 그리스도인의 문제 해결 원리를 적용해야 해요. 상대가 나의 말을 듣지 않을 때 먼저 확인해야 하는 것은 나의 내면에 상대를 향한 마음이 어떤 마음인지 확인하는 거예요. 상대가 잘해 줄 때 나도 잘해 주는 것은 누구나 할 수 있는 일이에요. 그러나 상대가 내 말을 듣지 않을 때, 상대의 부족이 드러났을 때 상대를 향한 내 마음이 주님이 인정하시는 사랑의 마음인지 사탄이 좋아하는 미움의 마음인지 체크해야 해요.

권태기에 어떻게 서로를 도와줄 수 있을까요?

믿음 좋은 아내 민정이가 있었어요. 그런데 민정이에게는 선택 장애가 있었어요. 어떠한 것을 선택할 때 매우 꼼꼼하게 살펴요. 그러나 막상 선택의 순간 앞에서는 결정하지 못하고 보류하는 거예요.

매사가 이렇다 보니 어떤 일을 하더라도 진행속도가 지나치게 느렸어요. 하지만 민정이는 자신에게 무엇을 선택하고 결정하는 것에 어려움이 있다는 것을 눈치 채지 못했어요. 오히려 스스로 매우 신중한 사람이라고 굳게 믿고 있었어요.

옷을 살 때도, 가전제품을 살 때도 결정이 보류되거나 너무 오래 걸려요. 어떤 경우는 아예 사지도 못해요. 심지어 음식점에 가서도 무엇을 먹을지 선택하지 못해요.

어느 날 민정이가 남편 민준이와 외식을 하기 위해 식당에 도착했어요. 아내 민정이는 메뉴판을 손에 들고 뚫어지도록 바라봤어요. 식당에 들어서는 동시에 무엇을 먹을지 이미 결정한 민준이는 아내가 결정하도록 기다리는 동안 답답한 마음은 이루 말할 수 없을 정도였어요.

한참을 기다린 남편에게 들려주는 아내 민정이는 이렇게 말했어요. "당신이 알아서 시키세요." 민정이의 이런 행동은 한두 번은 '그럴 수도 있지' 하고 넘어가지만 매사에 벌어지는 일이다 보니 민준이는 너무나 답답하고 속이 상했어요.

이러한 경우 남편 민준이는 어떻게 해야 할까요? "당신이 알아서 시키세요." 하는 아내의 말을 듣는 순간 답답하고 화가 나는 마음을 주님께 보고하는 기도를 빨리 드려야 해요. 주님의 도우심을 받아 음식을 선택해야 해요.

"실컷 기다리게 하더니, 나보고 결정하라고!", "처음부터 나보고 시키라고 하지!", "당신 너무한 것 아니야!"라고 말하고 싶은 충동을 절제해야 해요. 이런 순간에 속상하여 하고 싶은 말을 절제하고 음식을 주문하는 것은 너무나 어려워요.

절제의 힘은 주님께서 주시는 성품이기 때문에 주님께 기도하지 않으면 절제하기 어려워요. 그러나 사랑 많으신 우리 주님은 참기 어려운 순간에 기도를 하면 마음을 만져주시고 마음을 다스릴 수 있도록 도와주세요.

주님 주시는 정리된 마음으로 "그래 알았어. 우리 이걸로 먹자!"라고 음식을 시킬 때 아내는 남편을 통해 선택하는 것에 도움을 받으며 행복하게 살아가게 될 거예요.

그러나 주님을 알지 못하는 부부처럼 이런 순간에 하고 싶은 말을 절제하지 못해서는 안 돼요. 아내의 결정보류 사실을 남편이 정확하게 알려 준다고 해서, 선택하는 데 어려움이 있는 아내의 문제는 해결되지 않아요.

아내는 자신이 선택하는 데 어려움이 있다고 인정하고 있지 않을 뿐 아니라, 화가 나 있는 남편이 막상 전달하고자 하는 의도보다는 화만 전달되어요. 진심은 전달되지 않아요. 결정을 못 하는 아내의 문제를 보고 반응하는 남편의 마음도 주님이 보시기에는 합당하지 않기 때문이에요.

어쩌면 남편의 이런 마음이 있기 때문에 결정을 못 하는 아내를 만났을 수도 있는 거예요. 언제나 상대의 문제만 보는 우리의 눈을 상대보다 더 악한 자신의 마음을 살펴볼 수 있는 눈으로 변화하는 것은 상대를 고치는 것보다 더 중요해요.

마지막으로 성숙기에요. 말도 많고 탈도 많은 권태기가 주님의 도우심으로 끝나고 나면 눈빛만 보아도 서로를 아는 성숙기에 들어서요. 성숙기에 들어서면 "저 사람은 내 사람이야"라는 확신이 생기고 배우자가 옆에 있기만 해도 좋아요.

상대방의 입장에서 상대를 이해할 수 있게 되어요. 상대가 큰 실수를 해도 신뢰할 수 있으며, 두 사람은 마주 잡은 손을 놓지 않고 주님께서 부르시는 그날까지 함께 할 수 있어요. 이런 사람을 우리는 영원한 동반자로 이름을 지어 불러요. 성숙한 부부 관계를 위해서는 주님의 도우심이 절대적으로 필요해요. 결혼학교에 오신 여러분은 주님의 손을 잡고 성숙기까지 잘 갈 수 있길 소망해요.

8
좋은 관계로 계속 결혼 생활을 잘 유지하려면 어떻게 해야 하나요?

결혼은 서로를 먼저 알고, 그 서로를 알면서 세워가는 거예요. 결혼은 건축하는 것과 같아서 우선 설계 도면이 있어야 해요.

〈결혼 건축가〉의 저자 래리 크랩은 결혼 생활을 하면서 놓치지 말아야 할 내용을 이렇게 말해요.

결혼의 목표는?

결혼을 결심하고 싶지 않을 때도 있고 막상 결혼을 준비하는 것도 만

만치 않아요. 그런데 어떻게 감사함으로 결혼을 결심하고, 준비하고, 결혼생활을 행복하게 해 나갈 수 있을까요? 하나님의 나라와 그 확장이 목표가 된다면 감사함으로 감당할 수 있을 거예요.

래리 크랩은 결혼의 목표가 무엇인지 우리에게 알려 주어요.

첫째, 결혼은 연합이에요. 하나님께서는 하나님의 백성들이 하나 되기를 원하시는데 참된 연합을 할 수 있도록 주신 것이 바로 결혼이에요. 하나님께서는 부부관계를 통해 단지 서로의 필요를 충족하는 것을 경험하는 것 이상의 진정한 연합을 원하세요. 그리고 이 연합은 둘만의 연합을 넘어, 둘의 관계를 통해 세상에 기독교의 진리를 나타내기 원하세요.

둘째, 영적으로 연합하는 것이에요. 영적으로 연합하기 위해 필수적으로 인정해야 할 부분이 있어요. 자신의 인격적 필요를 채워 줄 대상으로 배우자를 의지해서는 안 된다는 것이에요. 대개 배우자를 통해 안전감과 중요하다는 존재감을 얻고자 하기 쉬운데 인격적 필요는 배우자가 아니라 주 예수 그리스도와의 관계를 통해서만 완전하게 채워질 수 있어요. 그러므로 부부는 함께 손을 잡고 오직 주님만 함께 바라보며 주님만 의지하는 관계가 되어야 해요. 이러한 기초를 바탕으로 서로 돌보는 관계가 되어야 해요.

셋째, 정신적으로 연합해야 해요. 부부는 영적으로 연합된 것에서 멈추는 것이 아니라 관계의 연합인 정신적 연합으로 나아가야 해요. 정신적 연합은 상호 헌신의 관계를 기초로 형성되어요. 이것은 상대방의 인격적 필요를 채우기 위해서 기꺼이 서로를 섬기려고 하는 것을 의미해요.

상호 헌신의 관계는 서로에 대한 목표를 '섬김'으로 바꾸어야 하고,

구체적인 행동으로 이어질 때 가능해져요. 이를 위해 3가지 확신이 있어야 해요.

첫째, 섬기려는 결단과 자원하는 마음, 둘째, 배우자의 필요에 대한 분명한 인식, 셋째, 하나님이 나를 배우자의 필요를 채워주는 도구로 택하였다는 확신이 필요해요.

넷째, 육체적으로 연합해야 해요. 마귀는 인간을 교묘하게 유혹하는데 특히 하나님께서 주신 귀한 육체를 흥미 위주의 쾌락적 수단으로만 여기도록 해요.

하지만 육체적인 연합은 우선 자신의 필요를 주님께 채움 받고(영적 연합), 그 이후에 자신을 배우자의 필요를 채우는(정신적 연합) 하나님의 도구로 드린 부부가 나누는 것이에요.

이것은 또한 인격적 관계의 표현과 연장선에 있는 것이에요. 이를 통해 부부는 끊을 수 없는 연합 의식을 더욱 깊게 할 수 있어요.

미진이의 상처

미진이는 예수님을 알지 못했을 때 한 남자와 교제를 하면서 성관계를 하게 되었어요. 혼전 관계가 좋지 않다는 것을 알기 때문에 미진이는 그럴 때마다 뿌리쳤지만, 그 남자 친구는 수시로 미진이를 성폭행까지 했어요.

미진이가 예수님을 믿고 난 뒤에 한 목사님께 찾아가 이 일을 이야기하게 되었어요. 그때 그 목사님께서 이렇게 말씀해 주셨어요. '이 일은 평생 너와 나 둘만 아는 거다. 앞으로 만나게 될 남편에게도 말하지 마

라. 그러나 미안한 마음으로 남편에게 더 잘해주면 된단다.'라고 이야기해 주셨어요.

　미성숙했고, 예수님을 알지 못할 때의 일이라 그 목사님 말씀대로 없던 일로 무시하고 침묵과 망각으로 해결하려고 하였어요. 이런 일은 절대 말하면 안 될 일이라고 생각하고 늘 두려웠어요. '나 같은 사람도 결혼할 수 있을까? 나 같이 죄를 지은 사람도 받아주는 사람이 있을까? 난 결혼을 못 할 수도 있겠구나… 평생 이런 비밀을 가지고 살아야 한다면 혼자 살아야겠다…'라고까지 생각했어요. 이렇게 미진이는 자기의 마음을 억누르고 묶어 두었어요.

　그러던 미진이가 하나님을 인격적으로 만나기 시작했어요. 전 인격체가 하나님의 손에서 다룸 받고 있을 때 하나님께서는 해결하지 않고 숨겨둔 마음을 꺼내셨어요. 말씀을 통해, 수련회를 통해, 새벽기도자리를 통해, 수없이 하나님께서는 미진이의 마음을 비추시고 다루셨어요. 미진이를 너무나 사랑하시는 하나님께서는 미진이를 쓰시기 위해서, 정결한 그릇으로 새롭게 하기 위해서 이 일을 다루어야 한다고 말씀해주셨어요.

　어느 날 새벽기도시간에 기도하면서 답답하고 두렵고 급한 마음에 제게 연락을 하였어요. 전 미진이 이야기를 천천히 듣고 이렇게 얘기해 주었어요. "회개하고 반복하지 않으면 돼. 그리고 미진이를 이해하고 받아줄 수 있는 남자가 있을 거란다. 그런 배우자를 위해서 기도해봐." 그날 이후 매일 새벽제단에서 눈물로 회개하고 배우자를 위해 기도했어요.

　두 달쯤 지났을 때 기도하는 중에 지금의 남편과 교제를 시작하게 되었어요. 미진이는 기도했어요. '하나님, 제가 이 일들을 다 고백했을 때

기도하는 마음으로 듣고 저를 용납하고 저를 위해 함께 기도해줄 수 있다면 하나님께서 예비하신 그 사람인 줄 알겠어요.' 그런 후 교제한 지 1주일 만에 자기에게 일어난 일들에 관해서 이야기했어요. 기도했던 대로 남편은 기도하는 마음으로 들어주었어요. 하나님께서 평생 그 상처를 안아주시기를 자신에게 원하신다며, 눈물을 흘리며 미진이의 상처를 위해 기도해 주겠다고 했어요. 하나님께서 다시 기회를 주셨기에 하나님께서 가르쳐주신 대로 결혼 전에 스킨십에 대해 철저하게 선을 긋고 행동을 했어요.

드디어 미진이는 결혼하며 행복한 순간을 맞이했어요. 그러나 말끔히 해결되었다고 생각했던 마음들이 결혼 후 다시 올라오기 시작했어요. 미진이의 마음에 틈이 조금이라도 보이면 사단은 수시로 이 부분을 공격하여, 마음 한쪽에 남자에 대한 왜곡된 생각이 끊임없이 올라왔어요. '언제든지 나를 폭행할 수 있는 남자, 언제든지 내게 욕할 수 있는 남자, 갑자기 변할 수 있는 남자…' 이미 용서받고 남편이 그 일에 대해 한 번도 이야기하지 않았음에도 불구하고 '언젠가 다시 이 이야기를 꺼내며 나를 용서해주지 못했다고 할 수도 있겠지…'

또는 '나의 과거로 인해 남편이 질타를 받으면 어떡하지, 나 때문에 남편이 제대로 일을 못 하면 어떡하지.', '이 일이 밝혀져서 나 때문에 남편이 쫓겨나면 어떡하지.'라는 이상하고도 막연한 두려움이 끊임없이 꼬리를 물었어요. 그럴 때마다 이 죄책감이 죄에 대한 대가임을 알게 되었어요.

성관계는 남녀 간의 육체적 결합뿐 아니라 정신적, 영적인 결합이에요. 하나님께서 허락하신 결혼이라는 틀 안에서만 누릴 수 있는 너무나도 귀한 것이에요. 그러므로 결혼의 틀 밖에서 이루어진 성관계는 우리에게 독이 되어 되돌아와요.

하나님께서 왜 순결을 이야기하시는지 알아야 해요. 순간의 쾌락은 평생의 행복 대신 끊임없는 죄책감과 죄의식의 사슬에서 우리의 영혼을 죽게 하기 때문에, 우리를 위해서 결혼 전에는 그 선을 지키라고 당부하시는 것이에요.

재호는 아내가 결혼 전 다른 남자와 잠자리를 한 것을 알게 되었지만 이해하고 받아들이고, 사랑해 줄 수 있다고 생각했어요. 그렇지만 마음은 힘들었고, 아내가 다른 남자와 잠자리를 하는 상상으로 괴로웠어요.

신혼부부였지만 부부관계를 기피하게 되면서 핑계를 대기 시작했어요. 막연한 두려움과 서운함이 재호를 혼란스럽게 했고 영문도 모르고 반복된 거절에 아내는 상처가 쌓여갔어요.

그러다가, 두 사람이 함께 김영한 목사님을 찾아가자고 하여 저를 찾아오게 되었어요. 사회적으로는 모두가 부러워할 커플인데 신혼 중임에도 사랑을 나눌 수 없어 힘겨워했어요. 대화를 하면서 얼마나 시간이 흘렀을까요? 남편 재호는 아내의 마음을 이해하게 되었어요. 결국, 눈물을 흘리고 아내에게 미안하다고 하였어요.

커플을 상담하는 것은 쉽지 않지만, 긴 시간 동안의 상담을 통해 해결의 실마리를 찾는 기쁨 또한 말할 수 없어요. 그러나 이런 실마리를 찾지 않도록, 긴 상담을 받지 않을 수 있도록 순결한 주님의 자녀가 되어야 해요.

예수님께서는 간음하다 잡혀 온 여자에게 누가 돌을 던질 수 있겠느냐고 하셨어요. 그러나 모든 사람이 다 물러났을 때 다시는 같은 죄를 범하지 말라고 하셨어요.

결혼을 앞두고 가정을 세우는 일은 하나님께서 기대하시는 것이지만

이 과정에서 마귀가 수단과 방법을 가리지 않고 틈타고자 해요. 결혼식이나 신혼집을 꾸미는 것만이 중요한 것이 아니라 앞으로 세워갈 가정에 대해 진지하게 고민하며 스스로 준비가 되어야 해요. 건축할 때 돌과 시멘트 그리고 철근만 필요한 것이 아니라 설계 도면이 필요하듯 결혼 전에 어떻게 가정을 세워나가고 어떻게 건축하고, 그 건물에서 주님께서 주신 목표는 무엇이며 그것을 어떻게 이루어 가며 살지 고민해야 해요.

미영이의 사명 감당

결혼을 하면 소명, 비전, 사명과 멀어진다고 생각하는 경향이 있어요. 그러나 전혀 그렇지 않아요. 주님께서는 결혼, 출산, 육아를 통해서도 삶의 목표를 이루어 나가게 하셔요.

미영이는 결혼 전 하나님께서 분명한 사명을 주셨다고 믿었어요. 중국 단기선교가 3번이나 취소되었지만, 마침내 중국 땅에 있는 탈북 고아들을 보게 하셨어요.

미영이는 직장에서 정신질환자들을 상담하며 10년의 세월을 함께 보냈는데 그런 경험이 탈북민들의 삶을 더 잘 이해하게 했어요. 그래서 미영이는 탈북민을 돕고 통일 선교를 위해 일평생을 살아야겠다고 고백했어요. 그것에 대한 확증으로 통일 선교와 북한 땅을 위해서 기도 할 때 많은 영적인 은사들을 허락받았어요. 기도하는 가운데 통일된 한반도 위에 빨간 십자가가 덮여 있는 환상을 두 번이나 주셨고 함께 그 길을 가야 할 동역자인 남편 재철이를 만나게 해 주셨어요.

그러나 결혼을 하고 아이가 생기자 제한된 삶이 시작되었어요. 미영이의 삶은 집에서 아이보고 살림하는 게 전부였어요. 반면 남편은 그 분야에 대해서 더 배우고 경험하고 있었어요. 그러다 보니 본인은 점점 후퇴하는 것 같아 불안했어요. 성장하는 남편을 보며 응원해야 하는데 오히려 미영이는 '나만 이렇게 놔두고 혼자 하는 거야?' 하면서 원망도 했어요.

사역에 집중하기는 점점 더 어려워졌고 초라해진 자신의 모습과는 달리 청년 때 같이 사역하던 언니나 남편은 더욱 성장하는 것이 부러웠어요. 미영이는 점점 희미해져 가는 것 같은 자신의 사명을 놓치지 않기 위해서 화요일 북한선교예배를 드리기 시작했어요. 북한을 위해 기도하는 것에 더욱 애썼어요. 그러나 아이를 데리고 매주 버스를 타고 왕복 두 시간씩 다니기가 쉽지는 않았어요.

어느 날 기도하는 중에 하나님께서 미영이게 가르쳐 주셨어요. '미영아, 내가 준 사명은 내 것이야. 그리고 너는 준비되고 있어. 이 시간도 꼭 필요한 시간이란다.'라고 가슴에 말씀하시는 것 같았어요. 사명이 하나님의 것이며, 내가 준비될 때 하나님의 때에 맞춰 쓰실 것이라는 것을 확신하게 되었어요.

미영이는 자기가 집에서 살림하고 아이를 키우는 것도, 시댁과 선한 방법으로 연합해서 사는 것도 하나님의 입장에서는 모두 다 필요한 시간임을 알게 되었어요. 집에서 살림만 한다고 해서 하나님을 향한 삶의 목표가 없어지는 것이 아님을 알게 되었어요. 또한, 가정을 일구어 나가고, 자녀를 키우면서도 여전히 하나님의 사명을 감당하고 있는 과정임을 배우게 되었어요.

결혼 기초를 위한 3가지 요소

　결혼 생활에는 긴장과 쓰라림, 거리감과 불만, 짧은 낭만과 긴 권태, 서로의 갈등이 자주 불거져요. 래리 크랩은 이런 갈등이 없도록 그의 책 〈결혼 건축가〉 2부에서 "결혼의 기초를 튼튼히 하라!"고 해요. 그리고 결혼 건축의 필수 재료를 은혜, 헌신, 수용이라고 하며, 이 3가지 중 가장 앞서야 하는 것이 은혜라고 언급해요. 맞아요. 은혜가 없이는 참된 헌신이 있을 수 없고, 상대에게 헌신하지 않고는 수용이 불가능해요.

　죄로 인해 모든 관계가 뒤틀린 세상에서 우리의 희망의 기초는 하나님의 은혜밖에 없어요. 그리스도인의 소망은 인간의 변화에 제한되는 것이 아니라 필연적으로 하나님의 은혜에 뿌리를 두고 있음을 알고 잊지 말아야 해요.

　하지만 결혼한다고 다 깎이고 성숙해지는 것은 아니에요. 결혼식을 올린다고 은혜롭게 되고, 유순해지고, 온유해지는 것은 더욱 아니지요. 결혼이 더 풍성해지고 아름다워지려면 전적으로 하나님의 충만한 은혜가 각자의 속에 있어야 해요.

　결혼하고 헌신이 중요하지만, 헌신을 강요해서는 안 되어요. 자발적으로 헌신하도록 기다려 주어야 하고, 먼저 헌신하는 사람이 있어야 해요. 내가 이 정도 헌신했으니 당신도 해야 하지 않느냐는 율법적이고 계산적인 사랑을 요구해서는 안 돼요.

　배우자의 깊은 필요를 볼 수 있고 그 필요를 의미 있게 채워 줄 수 있는 사람이 되어야 해요. 배우자를 섬길 때 기쁨을 가지고 헌신할 수 있다면 본인도 보람을 느끼고 감사할 거예요.

　수용이라는 것은 어찌 보면 은혜나 헌신보다 더 힘든 것일 수 있어요.

타인을 대하는 바른 태도는 참는 것 그 이상이어야 해요. 하나님께서 나 자신을 받으신 것 같이 우리도 서로 받아야 해요.

수용은 단순히 과거, 현재, 미래를 받아들이는 것이 아니라 용서할 것은 용서하고, 용서를 구해야 할 것은 담대하게 용서를 구하는 것을 포함해요.

배우자가 상처를 주어도 계속 용서하는 것이 수용이에요. 이것이 쉽지 않다는 것은 우리 모두가 다 알고 있어요. 특별히 부정직한 배우자, 폭언과 폭력을 행사하는 배우자, 불륜을 저지른 배우자를 수용하기는 더욱 어려워요.

결혼이란 늘 재미나고, 흥미롭고, 행복하고, 따뜻한 것이 아니에요. 결혼은 장미꽃과 같아서 아름답지만, 그 내면에는 날카로운 가시가 있어 찔리기도 하고, 매혹적인 향기가 나지만 금방 시들어 버리기도 해요.

세상에서는 부부관계에 있어서 부부 사이의 친밀함만을 강조하지요. 연애칼럼에 많이 나오는 말처럼 싸우지 않고 서로 사랑하면 된다고 믿는 사람들조차도 그렇게 생각하고 있어요. 하지만 진정한 관계는 서로만 바라본다고 되는 게 아니에요.

부부의 필요는 상대방이 채울 수가 없어요. 오직 그리스도 안에서 '내가 중요하고 안전하다.'는 사실을 받아들이고 살아가야만 해요. 그리고 결혼은 단순히 나의 필요를 채우는 게 아니에요. 배우자를 위해 헌신하고 인격적 필요를 서로 채우기 위해 자신부터 노력해야 해요. 이 노력은 단순히 책을 읽고, 묵상하면서 얻어지는 것이 아니에요. 주님 앞에 나아가서 나의 자아를 죽이고, 가정에 주신 십자가와 사명의 길을 가려고 해야 해요. 그러지 않고 서로만 보면서 싸우고, 지치고, 상처받지 말고 서로 주님께서 주신 가정의 소명, 사명, 비전을 발견해야 해요.

그러면서 사는 동안 주어진 상처와 아픔, 고난과 고통도 이겨내며 나아가야 해요. 때때로 가정에 닥치는 어려움도 주님을 보면서 이겨내야 해요.

췌장암과 싸우는 두 변호사

재현이와 미현이 두 사람은 모두 변호사로 양가의 축복을 받으면서 결혼을 하였어요. 아내 미현이는 센스가 뛰어나고 아주 먼 거리에서도 새벽예배에 나오는 신실한 사람이었어요. 남편도 우직함과 신실함을 겸비한 사람이었어요. 결혼하기 전 미현이가 뜸을 들이고, 결혼 승낙을 빨리해주지 않았을 때도 계속 기다려 주고, 챙겨 주었어요.

결국, 남편 재현이의 진실한 사랑에 마음이 녹아 미현이는 결혼을 결심하고, 제가 주례를 하게 되었어요. 신혼여행으로 유럽을 갔는데, 재현이가 많이 피곤했는지 속이 좋지 않았어요. 하지만 신혼여행 후에도 계속 좋지 않고 소화도 안 되고 식욕도 떨어졌어요.

재현이는 근처 병원에 가서 진료를 받았는데, 거기서 큰 병원에 가 보라고 하였어요. 진료 결과 믿을 수 없는 이야기를 들었어요. 분명 결혼 전 2개월 전에 건강 검진을 받고 아무 증상이 없었는데 췌장암 말기라는 판정을 받은 거예요.

도저히 믿을 수도, 받아들일 수도 없었어요. 재현이는 삼성서울병원에서 의사의 이야기를 듣고, 제게 울먹이며 전화를 걸었어요. "목사님! 드릴 말씀이 있어요. 우리 미현씨 아주 좋은 사람이잖아요. 목사님이 좀 잘 챙겨 주시고요. 혹 제가 어떻게 될지 모르는데…저를 위해서도 기도

해 주세요…" 갑자기 전화해서는 이런저런 말을 하는 통에 처음엔 무슨 이야기를 하는지 잘 몰랐어요.

하지만 자신이 췌장암 말기라는 소리를 듣자마자 제게 전화를 걸어 울먹이며 막 쏟아낸 말이라는 것을 나중에 알게 되었어요.

그렇게 알콩달콩 행복한 삶을 막 시작한 두 사람이었는데 결국 재현이는 일을 그만두고 시골로 가게 되었고 주말에만 미현이를 만나러 도시로 나왔어요. 하지만 상황은 점점 더 안 좋아졌고 병원에 재검사를 받기 전에 제가 심방을 갔어요.

두 사람은 암 투병 전보다 더 서로를 아껴주고 있었어요. 미현이는 남편 재현이에게 꼭 암을 이기고 건강하게 살아달라고 하였어요. "재현씨 암 아무것도 아니니까 꼭 잘 치료 받고, 건강하게 오래오래 같이 살아야 해요! 알겠지요?"

미현이는 여전히 건강하고 씩씩했지만, 눈가에는 눈물이 촉촉이 젖어 있었어요. 같이 가정에서 예배를 드리고, 담소를 나누는데 재현이가 이런 말을 했어요. "목사님! 처음에는 이 암이 왜 하필 제게 왔는지 이해를 못 했어요… 그런데 지금은 받아들이고, 열심히 싸워 보려고요. 아내에게는 정말 미안하지만, 너무나 잘 견디어 주고 같이 있어 주어 고맙고 감사할 뿐이에요. 정말 이 사람 사랑에 보답하기 위해 열심히 싸우고 회복할 거예요…"

재현이와 미현이의 서로를 향한 마음과 함께 이 힘겨운 시기를 넘어가려는 모습을 보고 감사하기도 하고, 안쓰럽기도 하였어요. 여전히 지금도 두 사람은 열심히 암과 투병하고 있어요. 재현이 혼자 싸우는 것이 아니라 아내 미현이도 열심히 지원사격을 해 주고 있어요.

감정적으로 크게 요동하지 않고 밝고 씩씩하게 응원하며 함께 해 주고 있어요. 바로 이거에요. 부부는 힘겨워도 흔들리지 않고, 함께 거친 파도를 이겨내야 해요. 파도가 너무나 거칠어서 배가 파선될 것 같으면 파도와 부딪치기 전에 더 힘차게 노를 저어 파도를 뛰어넘으면 돼요.

부부로 살아갈 때 사소한 일들 앞에서 분노를 표출할 때가 있어요. 이때 수많은 안 좋은 감정들과 상처의 말들이 쏟아져 나와요. 이런 화를 조절하지 못하면 가정을 이룬 뒤에도 문제가 돼요.

이런 일이 발생하지 않도록 우리 모두는 하나님 앞으로 나아가 예배를 드려야 해요. 말씀, 기도, 찬양을 드려야 해요. 가정의 식탁에서 식사 전 함께 기도하고, 커플이 같이 예배를 드리고, 받은 은혜를 나누어야 해요. 서로 같은 곳에서 섬기면서 주님을 위해 살려고 노력해야 해요. 서로를 바라보며 자신의 가정을 위해 살 때 가정이 지켜지는 것이 아니라 주님을 바라보고 주님을 섬길 때 가정이 지켜진다는 것을 잊지 말아야 해요.

9
성경적 부부의 온전한 관계는 어떤 것인가요?

"이러므로 남자가 부모를 떠나 그의 아내와 합하여 둘이 한 몸을 이룰지로다"(창세기 2:24)

하나님이 계획하신 부부 관계는 부모를 떠나 둘이 한 몸을 이루는 거예요. 둘이 전인격적인 연합을 이루기 위해서는 영적, 정서적, 육체적으로 하나를 이루어 가야 해요.

영적 하나

부부간에 영적으로 연합하여 하나만 될 수 있다면 정신적 육체적으로 하나 되는 것은 그리 어렵지 않아요. 두 사람 중 한 사람이 불신자라면 영적으로 하나를 이루는 과정은 매우 힘이 들고 어려워요. 그렇다고 신앙이 있는 배우자와 결혼한다고 다 좋은 관계를 형성하는 것은 아니에요. 분명, 쉽지 않은 부분이 있어요.

영적인 연합을 이루는 원리는 부부 각자가 주님과의 분명한 인격적인 교제가 있어야 해요. 많은 젊은이가 크게 착각하는 한 가지는 주님과의 관계에서 채워져야 하는 부분을 배우자를 통해 채우려고 하는 거예요. 오직 주님으로만 채울 수 있는 영역을, 배우자를 통해 채우려고 하니 실망하고 답답할 수밖에 없는 거예요.

영적인 연합은 부부 각자가 자신의 삶에 주님을 모시고 주님만 의지할 때 가능해요. 서로의 의견이 맞지 않아 다툼이 일어났을 때도 주님과의 관계에서 무엇이 잘못되었는지 각자가 살펴보고 회개하며 나아가야 해요. 주님은 배우자가 도저히 해결할 수 없는 인격적인 필요를 채우시고 부부 관계를 회복시켜 주세요.

영적인 연합은 '나와 너와의 관계', 둘만의 관계만으로 이루어질 수 없어요. 두 사람 모두 주님 안에 들어올 때 가능해요. 주님과의 관계에서 풍성함을 누리면 마음은 여유로워지고 상대를 기꺼이 섬기고 사랑하겠다는 섬김의 자세가 나올 수 있는 거예요.

남편이나 아내는 영적으로 약한 상태에 있을 수 있어요. 그러나 나와 주님과의 관계가 바르게 회복되어 있다면 약해져 있는 배우자를 기꺼이 섬길 수 있어요. '섬김'이라는 자체가 주님과의 관계가 선행되어 있지 않으면 가능할 수 없어요.

우리 스스로 노력한다고 누군가를 섬길 수 있는 존재가 아니에요. 혹, 의지를 가지고 의도적인 섬김을 할 수 있을지는 모르지만, 그것을 지속할 수는 없어요. 주님과의 관계가 바로 되어야 비로소 사랑과 섬김이 가능해져요.

정신적 하나

사람은 주님과 영적인 연합이 이루어져 주님과의 관계가 회복될 때 주님으로부터 영적 자양분을 공급받게 되어요. 그 영적 자양분을 가진 자는 상대의 필요를 얼마든지 채워 줄 수 있어요. 정신적인 하나를 이룰 수 있어요.

정신적 하나를 이루는 주님의 원리를 모르면 결혼 관계에서 항상 상대에게 "당신이 나를 편하게 해 달라."고 요구하게 되어요.

부부가 정신적 하나를 이루어 나가는 과정에 대화의 기술을 터득하는 것이 아주 중요해요. 서로를 깊이 이해하는 공감이 필요한 것이기 때문이에요. '공감'이라는 단어를 모르는 부부는 없겠지만 실제 부부 관계에서는 공감하는 방법을 몰라서 갈등을 일으키는 경우를 자주 보게 되어요.

지현이라는 아내가 있었어요. 지현이는 복통을 동반한 두통까지 생겨 하루 종일 아무것도 먹지 못했어요. 그리고 퇴근해서 돌아올 남편 형주를 기다렸어요. 어느 날 지현이는 남편 형주가 퇴근해서 현관문 키를 누르는 소리를 듣고 안도의 숨을 쉬었어요. 지현이는 현관문을 열고 들어오는 형주를 향해 고통으로 일그러진 얼굴로 말했어요. "여보, 나 오늘 아파서 하루 종일 아무것도 먹지 못했어요. 지금도 배와 머리가 너무 아파요."

아프다는 아내의 말을 들으며 형주는 식탁 위를 보았어요. 거기에는 아내 지현이가 아파서 먹지 못한 햄버거 한 개가 있었어요. 형주는 "여보! 나 배고픈데, 저녁은 어디 있어요?"라고 말했어요. 아내는 남편의 말이 떨어지자마자 불같이 화를 내며 말했어요. "당신은 오늘 하루 종일 아파서 아무것도 먹지 못한 사람에게 그렇게밖에 말 못 해요?", "나는 더 이상 당신하고 살 수 없어요. 당신하고 사는 것보다 차라리 혼자 사는 것이 나을 것 같아요!", "어쩌면 그렇게 내 마음을 몰라요… 우리 헤어져요!" 그날 밤에 양가의 부모님께서 신혼집으로 달려올 만큼 크게 싸웠어요. 만약 하루 종일 아파서 아무것도 먹지 못했다는 아내의 말을 들으면 어떻게 해야 할까요?

이 부부가 저를 찾아 왔을 때 남편 형주에게 질문했어요. "형제님, 아내가 아파서 힘들다고 하면 어떻게 해야 합니까?" 남편은 걱정스런 얼굴을 하면서 진지하게 제게 말했어요. "제가 무슨 말을 어떻게 해야 할지 정말 모르겠습니다."

이 부부의 문제가 무엇일까요? 아내가 듣고 싶은 말은 "오늘 종일 많이 아파서 정말 힘들었군요. 내가 빨리 죽 사올게요." 하는 위로의 말이었어요. 자매가 죽을 시켜 먹을 수도 있었겠지만, 사랑하는 남편이 자신의 마음을 알아주기를 바랐던 거예요.

기현이라는 형제님이 있었어요. 남편 기현이가 집에 들어오자마자 가방을 던지면서 "더 이상은 못하겠다."라고 하면서 소파에 덥석 주저앉았어요. 하루 종일 남편을 기다린 아내 미주는 힘없어하는 남편을 바라보니 자신도 힘이 빠졌어요. 아내 미주는 자신들이 살아야 할 앞날을 생각하며 남편 기현이에게 말했어요. "당신이 직장에 안 가면, 우린 무엇을 먹고살지요? 다른 형제들은 아무 말 없이 직장생활 잘하던데, 당신은 왜 그래요?" 남편은 아내가 하는 말을 듣고 방문을 '쾅' 닫고 들어

갔어요.

직장에서는 아무 일이 없는 것처럼 열심히 일하고 온 남편 기현이가 집에 돌아와서는 왜 가방을 던지면서 더 이상 못하겠다는 말을 했을까요? 남편은 아내에게 무슨 말을 듣고 싶어 했을까요?

남편이 듣고 싶은 말은 "여보, 당신 오늘 많이 힘들었군요. 직장생활은 참 힘든 일이 많은 것 같아요", "제가 당신을 위해 맛있는 된장찌개 끓여 놓았어요."라는 말이었어요. 하루 종일 직장에서 힘든 일정을 보내고, 어렵고 힘든 마음을 아내가 알아주기를 바랐던 것이에요.

감정 단어 = 공감 단어 = 마음 단어

부부들이 상담하러 와서 자주 하는 말이에요. "저 사람은 벽창호예요. 말이 안 통해요. 정말 답답해서 미치겠어요!"

정말 남편이 아내의 말을 알아듣지 못한다는 말일까요? 자신의 마음을 배우자가 알아주지 못한다는 말을 하고 있는 것이에요. 상대의 마음을 알아주는 말은 어떤 말일까요? 그것은 공감 언어를 사용해서 말하는 것이에요.

공감이라는 것은 상대가 가진 감정을 '감정 단어'를 사용해서 말을 하는 것이에요. 사람들은 마음에 어려움이나 즐거움이 있을 때 감정 단어를 사용해 주기를 바라요. 감정 단어를 사용해 주면 '자신의 마음을 알아준다'고 해석해요. 그러나 '감정 단어'를 사용하지 않으면 '저 사람은 내 마음을 모른다'고 해석하게 돼요. 그렇기 때문에 '감정 단어' 즉, '공감 단어'는 '마음 단어'라 할 수 있고, 중요한 중요해요.

부부가 정서적으로 하나 되는 중요한 방법은 '마음 단어'를 사용하여 귀 기울여 배우자의 말을 듣는 거예요. 배우자의 마음의 소리를 듣는 것은 그 어떤 사역보다 중요해요. 마음 깊은 곳에 있는 걱정, 근심, 두려움, 좌절, 분노 등을 나누면서 부부는 그 어떤 관계보다 밀착된 하나 되는 마음을 만들어 갈 수 있는 거예요.

그러므로 마음 단어를 사용하는 훈련은 결혼할 때 혼수를 준비하는 것보다 더 중요해요. 마음 단어를 사용하는 훈련을 하지 않으면 결혼 후에 상담실을 찾게 되든지, 부부 사이에 담을 쌓던지, 둘 중의 하나를 선택하게 될 거예요.

보편적으로 아내들은 남편들보다 감정 단어에 민감해요. 반면, 남편들은 아내들보다 둔감해요. 남편이 감정에 둔감한 것이 원래 감정 단어에 둔감하도록 창조된 것은 아니에요. 하나님께서 남자를 지으실 때 정서가 풍부하도록 지으셨어요. 한국 사회는 남자들이 감정 단어에 둔감할 수밖에 없게 하기도 해요.

그러나 중요한 것은 남자의 마음에 감정이 없는 것은 아니에요. 하나님께서 사람을 만드실 때 인격적으로 빚으셨기 때문에 남자, 여자 모두 지·정·의가 있고 남자도 감정을 사용할 수 있는 정서적인 존재로 만들어 주셨어요. 감정은 우리의 내면에 있는 것을 외부에서 볼 수 있도록 하는 연결 고리이기 때문에 부부 사이에서 감정을 알아차리는 것은 매우 중요해요.

우리가 사는 사회는 전반적으로 '소통 부재'가 문제에요. 가정도 예외가 아니고요. 가정에서부터 서로를 깊이 알아가는 소통이 필요해요. 예수님은 말씀하셨어요.

"즐거워하는 자들과 함께 즐거워하고 우는 자들과 함께 울라"

(로마서 12:15)

육체적 하나

육체적 하나를 이루는 것은 영적, 정신적 연합을 이룬 부부가 그것의 연장선에서 자신을 전적으로 상대에게 주는 부부의 성적 관계를 의미해요. 부부의 육체적 연합은 둘이지만 '하나'라는 것을 마지막으로 확인하는 것과 같아요.

하나님께서 성을 만들어 주시고 인간이 성생활을 할 수 있도록 허락하신 유일한 관계가 결혼으로 맺어진 부부 관계에요. 결혼 관계에서 성생활은 두 사람 사이의 감정적 인격적 표현이에요. 이 부부 관계를 통하여 부부가 하나 되는 일체감을 깊이 느끼게 해요. 그래서 두 사람이 하나 됨을 느끼는 친밀함은 성생활과 밀접한 관계가 있는 거예요. 성을 육체적인 쾌락을 위해서 사용한다면 친밀함은 상실되고 공허함만 남을 거예요.

"아내는 자기 몸을 주장하지 못하고 오직 그 남편이 하며
남편도 그와 같이 자기 몸을 주장하지 못하고 오직 그 아내가 하나니"

(고린도전서 7:4)

이 말씀은 부부 성생활을 어떻게 할 것인지를 가르쳐 주는 매우 중요한 말씀이에요. 부부 성생활은 완전히 상대방에게 달려 있음을 말씀해

주세요. 자신의 몸을 상대방에게 온전하게 헌신할 때 서로 만족할 수 있는 것이에요. 부부 생활은 상대를 섬기는 데서부터 출발함을 기억해야 해요.

하나 됨을 유지하는 부부 관계

예수님께서는 하나님께서 만드신 가정에서 하나 됨을 유지하는 부부 관계의 원리를 그리스도와 교회와의 관계를 통해 말씀하셨어요. 원리는 그 이치를 따라 하지 않으면 반드시 부작용이 생기는 중요한 것이에요. 하나 됨을 유지하는 부부 관계의 말씀은 다음과 같아요.

> "아내들이여 자기 남편에게 복종하기를 주께 하듯 하라. 이는 남편이 아내의 머리됨이 그리스도께서 교회의 머리됨과 같음이니 그가 바로 몸의 구주시니라. 그러므로 교회가 그리스도에게 하듯 아내들도 범사에 자기 남편에게 복종할지니라. 남편들아 아내 사랑하기를 그리스도께서 교회를 사랑하시고 그 교회를 위하여 자신을 주심 같이 하라"
>
> (에베소서 5:22-25)

예수님께서는 남편과 아내가 하나 된 부부 관계를 유지할 수 있는 방법이 서로 다름을 말씀해 주셨어요. 아내는 남편을 복종으로 사랑해야 하고 남편은 아내를 사랑으로 사랑해야 한다고 말씀하셨어요. 예수님은 왜 아내에게 남편에게 복종하라고 말씀하셨을까요? 여자를 지으실 때 돕는 배필로 지으셨기 때문이에요. 남편을 가장 잘 도울 수 있는 방법이 아내의 복종이기 때문이에요.

"남편에게 복종하라"는 예수님의 말씀은 남편이 멋있고 좋은 점이 많이 보일 때는 실천하기 쉬울 수 있어요. 그러나 한집에서 살다 보면 남편의 모습이 복종의 대상이 아닐 때도 많아요. 도저히 복종할 수 없는 순간도 많이 있어요. 이럴 때 아내가 기억해야 하는 것은 남편의 이런저런 모습을 생각하면 절대로 남편에게 복종할 수 없다는 것을 인정해야 해요.

아내가 남편에게 복종하는 것은 남편에게 복종하는 것이 아니라 "아내들이여 자기 남편에게 복종하기를 주께 하듯 하라"고 말씀하신 주님의 말씀에 복종하는 것이에요. 도저히 남편에게 복종할 수 없을 때 "아내들이여 자기 남편에게 복종하기를 주께 하듯 하라"는 주님의 말씀을 기억하고 그 말씀에 순종할 때 남편에게 복종할 수 있는 거예요. 미운 남편의 모습을 주님의 말씀으로 덮어야 주님의 말씀을 실천할 수 있어요.

나를 사랑하시어서 나를 살리기 위해 십자가에서 피를 철철 흘리고 계셨던 주님을 기억할 때 주님의 말씀에 순종할 수 있는 거예요. 나 하나를 살리기 위해 온몸을 희생하신 주님이 내 앞에 서 계시는데 그 주님의 말씀을 어떻게 외면할 수 있겠어요? 남편을 섬기고 사랑으로 복종하기 위해서는 반드시 예수님으로부터 사랑이 공급되어야 한다는 사실을 절대 잊지 말아야 해요.

하지만 성경 말씀이 "남편에게 복종하라"고 요구하고 있기 때문에 무모하게 순종하려고 남편에게 접근하면 실패할 수밖에 없어요.

먼저 나 자신이 예수님과의 관계에서 사랑할 수 있는 힘을 공급받아야 해요. 남편을 향한 아내의 순종이라는 것은 단순하게 '저 남편을 향한 순종'이라고 생각하면 당장 한계가 오게 되어 있어요. 내가 남편에게 순종하는 것이 바로 주님의 말씀이기 때문이고 주님께 내가 순종하는 것과 바로 연결되어 있다는 사실을 기억해야 해요. 이 사실을 알아야 남편의 부족함을 뛰어넘고 남편에게 복종으로 사랑할 수 있어요.

남편이 아내를 사랑하는 것도 마찬가지예요. 아내의 모습이 언제나 사랑의 대상이 아닐 수 있어요. 나를 사랑하기 위해 목숨까지 내놓으신 주님께서 "남편들아 아내를 사랑하라"고 말씀하셨기 때문에 그 말씀에 의지하여 아내를 사랑하는 거예요.

주님의 말씀을 기억할 때 아내의 모습을 뛰어넘고 사랑할 수 있는 거예요. 주님이 공급하시는 사랑은 최고의 사랑이며 때 묻지 않은 사랑이고 조건 없는 사랑이에요.

말라기 2장 15절에 하나님은 남편을 향해 말씀하세요.

"네 심령을 삼가 지켜 어려서 맞이한 아내에게
거짓을 행하지 말지니라"
(말라기 2:15)

이 말씀은 네가 어려서, 무엇을 잘 몰라서, 철이 없을 때 아내를 맞이했다 할지라도 첫 믿음을 깨는 행위를 하지 말라는 말씀이에요. 아내와 결혼할 때 하나님께서 증인이 되어 주셨어요. 두 사람이 살면서 부족한 면이 많이 드러난다는 것을 부부는 모르겠지만 하나님은 다 알고 계세요. 그러므로 예수님께서는 부부가 하나 되는 연합의 원리로 '복종'과 '사랑'임을 가르쳐 주시고, 연약한 사람을 사랑하신 주님의 사랑을 모델로 삼으라고 몸소 보여 주신 것이에요.

아내의 마음속에 '남편이 진심으로 나를 사랑한다.'는 확신이 생기게 되면 평생 동안 사랑하면서 살아갈 수 있는 하나 된 부부 관계를 유지할 수 있는 거예요.

남자와 여자가 결혼해서 하나 되는 부부 관계를 유지할 때, 벌거벗었으나 부끄러워하지 아니하는 전인적인 회복을 경험하게 돼요. 그래서 결혼은 축복이에요.

내 남편이 힘들어할 때 주님의 말씀을 기억하고 묵상하면 그를 보듬어 줄 수 있어요. 내 아내가 나를 필요로 하고 나의 따뜻한 말 한마디가 필요할 때 주님의 말씀을 기억하고 아내를 보면 따뜻한 말과 함께 아내를 사랑해 줄 수 있어요. 무한한 사랑을 가지고 계시는 주님이 내 옆에 계시기 때문이에요.

결혼한 청년들에게 "결혼의 목적이 뭡니까? 왜 결혼했습니까?" 질문하면, 하나같이 "행복이 목적이다!"고 해요. 다시 질문을 해요. "어떻게 하면 당신이 행복할 수 있습니까?" 아내는 말해요. "남편이 저에게 잘해 주면 됩니다." 남편은 말해요. "아내가 저에게 잘해 주면 됩니다."

그래요. 결혼한 가정은 행복해야 해요. 그러나 결혼은 가정을 설계하신 하나님의 하나 되는 원리를 적용하지 않으면 행복할 수 없어요. 오늘날 교회 안에 많은 청년이 하나 됨의 원리를 알지 못한 채 결혼을 하기 때문에 조금의 어려움이 있어도 갈등을 유발하고 극복하지 못해요. 갈등이 있는 동안에 하나님의 원리를 끝내 찾지 못하면 이혼이라는 아픔을 겪을 수밖에 없는 거예요.

하나님이 설계하신 가정의 원리를 모르고 사랑의 갈증을 느끼며 서로를 위해 사랑해 달라고 눈물을 흘리고 등을 돌려대고 괴로워하고 힘들어하는 모습은 참으로 안타까워요.

*"그런즉 이제 둘이 아니요 한 몸이니
그러므로 하나님이 짝지어 주신 것을
사람이 나누지 못 할지니라 하시니"*

(마태복음 19:6)

이 말씀은 어느 날 하나님께서 "이 사람이 너의 짝이니까 결혼해라"고 직접적으로 말씀하셨다는 뜻이 아니에요. 물론 하나님께서 특별한 계시로 배우자를 만나게 하실 수도 있어요.

그러나 대부분은 그동안에 배운 말씀을 바탕으로 성경적 결혼관을 가지고 기도하면서 배필을 찾아 결혼하는 거예요. 결혼 후에 배우자를 '하나님께서 선택해 주셨느냐? 내가 선택했느냐?'로 고민한다면, 죽을 때까지 정확한 대답을 얻기가 어려울 수 있어요. 이 말씀은 누가 선택했느냐보다 지금 내가 '배우자에게 어떻게 할 것인가?'가 더 중요하다는 것을 의미해요. "하나님이 짝지어 주신 것을 사람이 나누지 못 할지니라"는 하나님의 말씀은 일단 짝이 되었으면 죽음이 갈라놓기 전까지는 최선을 다하라는 말씀이에요.

그러므로 우리는 기도할 때 "아내에게 헌신하는 남편이 되게 해 주세요.", "남편에게 헌신하는 아내가 되게 해 주세요.", "우리 결혼생활을 통치해 주세요."라고 기도해야 하는 거예요.

하나님의 자녀들이 하나님의 말씀을 저버리고 자신만의 행복을 추구하기 때문에 가정은 깨어지고 무너질 수밖에 없는 거예요. 조금 살다가 불편하면 힘들어하고, 힘든 것을 이기지 못하면 이혼이라는 아픈 과정을 선택해요.

세상 사람들의 결혼 목적은 '나의 행복'이기 때문에 나를 행복하게 해

줄 사람을 선택해서 결혼을 해요. 세상 사람들은 행복하지 않으면 살 이유가 없어요. "너 때문에 내가 불행해! 나는 이렇게 살 수 없어… 우리 이혼해!" 이렇게 결정을 해요. 왜냐하면 행복이 목적이기 때문이에요.

축복의 뜻

그러나 그리스도인의 결혼 목적은 행복이 아니에요. 행복 때문에 결혼하는 것이 아니라는 거예요. 그리스도인의 결혼은 행복이 목적이 아니라 축복이 목적이에요. 축복(blessing)이라는 단어의 어원에는 "bleed: 출혈하다"라는 뜻이 있어요.

하나님께서 우리를 행복하게 하시기 위해서 피 흘림으로 우리를 복되게 하셨어요. 마찬가지로 가정이라는 곳은 내가 먼저 피 흘리지 않으면 관계가 되지 않는 곳이에요. 사건이 생길 때, 나하고 반대되는 의견이 나왔을 때, 갈등이 있을 때, 내가 피를 흘리면 축복이 되고 내가 피 흘리지 않으면 불행이 돼요.

결혼해 보세요. 남편이 잘해 주겠지만 항상 잘해 주는 것은 아니에요. 남편이 잘해 주는 것으로 행복하려면 행복할 때보다 행복하지 않을 때가 더 많아요. 그러나 그리스도인의 결혼 생활은 행복해요. 왜냐하면 남편이 잘해 주는 데 기준을 두고 있지 않기 때문이에요.

오히려 하나님의 말씀을 실천할 수 있는 대상이 있기 때문에 행복하다고 할 수 있어요. 말씀을 실천하는 그곳에는 하나님의 사랑을 경험하는 곳이기 때문이에요. 이 세상에서 신을 만난 기쁨보다 더 큰 기쁨은 없어요. 진정한 행복은 사람을 만나서만은 행복할 수 없어요. 주님을 만나고 주님 때문에 믿음으로 행복한 것이에요.

부부 관계를 통해 주님께서 십자가에 못 박히고 교회를 산 것이 무엇인지 남편은 절실하게 깨닫게 되고, 아내는 주님의 피 값으로 산 교회가 주님께 복종하는 것처럼 정말 죽기까지 복종하는 것이 어떤 것인지 알 수 있어요. 이것이 결혼이고 가정이에요. 행복만을 기준으로 삼는다면 그 가정은 깨지게 되어 있어요.

아내 시진이가 시댁에 참 잘했으면 좋겠다는 소망을 가진 남편 상민이가 있었어요. 결혼하고 처음으로 어머니 생신을 맞이하게 되었어요. 남편 상민이는 아내 시진이에게 부모님께 선물 대신 20만 원을 드리자고 했어요. 남편 상민이의 말을 들은 아내 시진이가 말했어요. "이번 달에는 카드사용분 결제해야 할 것이 많아서 곤란하다며 10만 원만 드려요." 조금 더 드리자고 남편 상민이가 다시 말해 보았지만, 아내 시진이의 생각은 확고했어요.

이런 경우 아내를 어떻게 사랑할 수 있을까요? 하나 되는 부부 관계를 만들어 가기 위해서는 아내의 말대로 10만 원을 드려야 해요. 남편과 생각이 다른 아내가 시댁 어른들을 공경할 때 마음이 넉넉해질 수 있도록 축복하면서 기다려야 해요. 남편이 아내의 마음이 허락될 때까지 기다리지 못하고, 아내 몰래 "그 사람에게는 받았다고 하지 말라"면서 부모님께 용돈을 드린다면 아내를 사랑하는 남편이라고 할 수 없을 거예요.

오히려 남편의 행동 때문에 고부간의 갈등만 유발할 거예요. 시댁 어른 공경에 대한 아내의 마음이 넉넉해질 때까지 참고 기다리는 것이 아내를 세우기 위한 남편의 희생이에요. 우리가 세워질 것을 기대하고 희생하신 주님을 닮아 가는 모습이에요.

주님께서 죽음의 값을 치르시고 교회를 얻으신 것처럼 기도하는 아내를 얻고 싶다면 아내가 기도할 수 있도록 시간을 내주어야 해요. 자상한 남편을 얻고 싶다면 그만큼 남편의 마음을 읽을 수 있어야 해요. 용기 있는 남편을 원하면 썩은 사과를 사서 오더라도 잘했다고 할 수 있는 희생을 치러야 해요.

결혼이야말로 예수 그리스도가 십자가에 못 박히고 교회를 산 것이 무엇인지, 남편들은 절실하게 깨달을 것이고, 아내들은 주님의 피 값으로 산 교회가 예수님을 주님으로 모시고 정말 죽기까지 복종하는 것이 어떤 것인지를 알 수 있는 가장 좋은 방법이에요.

가정은 서로의 헌신을 통해 세워진다는 것을 기억하세요. 서로의 헌신을 통해 세워진 가정은 견고하기 때문에 주님이 주시는 행복이 가득해요.

우리 주위에는 하나님이 설계하신 가정을 만들어 가며 행복해하는 많은 젊은이가 있어요. 하나님께서 가정을 설계하신 것을 분명하게 믿는 사람들의 특징은 가정을 이루어 갈 때 하나님의 말씀을 따라 세워가요.

결혼을 준비하거나 결혼 생활을 하고 계신가요. 온전한 가정을 이루도록 주님께서 기뻐하시는 가정을 세우도록 노력해야 해요. 그러면, 주님께서 잘했다고 칭찬하실 거예요. 저도 그렇게 노력하는 여러분 한 사람 한 사람을 칭찬해 드리고 싶어요.

10
시어머니는 시어머니네요. 어떻게 이 어려운 시기를 이겨낼 수 있나요?

결혼을 앞둔 한 신부는 시어머님이 너무 좋아 친어머님보다 좋다고 했어요. 그런데 결혼을 한 뒤 얼마 지나지 않아 이런 이야기를 했어요. "목사님…시어머니는 시어머니네요…" 시어머니가 얼마나 무섭고 밉게 보이는지 이런 속담들이 있어요.

"세 끼 굶은 시어머니 쌍판 같다."

"소싯적에 호랑이 안 잡은 시어미 없다."

힘겨운 시누이가 여러 명 있는 분들은 40일 금식 기도를 하고 결혼을 해야 할지도 몰라요. 시어머니보다 더 무서운 존재가 시누이일 수 있어요. 시누이가 얼마나 어려운지 이런 속담도 있어요.

"때리는 시어미보다 말리는 시누이가 더 밉다."

친정 식구가 아닌 시어머님과 시누이와 잘 지내려면 어떻게 해야 좋을까요? 시댁은 같은 편이 되기 어려운데, 어떻게 해야 같이 편이 될 수 있을까요?

기식이와 은애는 약 1년 정도 교제 후 결혼을 하였어요. 기식이는 결혼 전 십일조가 아니라 10의 2조를 헌금하였어요. 예수님을 인격적으로 만나고 리더로 섬기다가 은애를 만났어요. 은애도 전문 직종에서 인정받는 커리어 우먼으로 두 사람은 결혼생활 한 지 이제 5년 차가 되었어요. 기식이와 은애 커플을 제가 4주 동안 특별히 결혼식 전 매주 1시간씩 얼굴을 보며 시간을 보냈어요.

지금은 자녀 둘을 낳아 잘 기르고 있어요. 기식이는 1세대 신앙인으로 뜨겁게 주님을 섬겼고, 은애는 모태 신앙자로 믿음의 가정에서 자랐어요. 둘 다 신앙이 좋고, 성숙한 리더였지만 은애는 믿지 않는 시어머니를 전도하고 지내는 삶이 쉽지만은 않았어요. 은애의 이야기를 들어볼게요.

> 소개팅으로 만나 온유하고 긍정적인 성품의 남편과 결혼했어요. 말씀으로 신앙을 지키는 삶, 집안 반대 속에도 묵묵히 기도하고 결혼을 이루어 내려는 강한 의지, 성실함 등, 저와 다른 신랑의 모습들은 큰 장점이었어요. 제가 바라던 가장의 모습이었거든요.
> 어려서부터 제재가 많았던 저의 환경과는 다르게 남편의 자유롭고 편한

시댁의 분위기는 친정보다 더 좋은 시댁이 될 수 있겠다는 생각마저 들었어요.

전 신랑의 느긋하고 긍정적으로 문제를 두고 기도하는 모습이 좋았어요. 그런데 그 장점이 단점으로 느껴지는 경우가 결혼을 준비하면서 많아졌어요. 예를 들어 신혼집을 구할 때 저는 하루에 몇십 개씩 집을 보며 모자라는 돈은 어떻게 구할 것인지 고민했어요.

되든 안 되든 플랜 세 가지는 가지고 있어야 하는 성격이었는데요. 제 신랑은 "기도하자, 우리가 살집은 분명 준비되어 있어!" 라며 믿음 좋은 이야기들만 늘어놓았어요.

또 다른 예로 약속시간이 정해졌다면 전 2시간 전엔 일어나있어야 하는데요. 신랑은 느긋하게 준비하는 사람이었어요. 그런 다름이 제가 맞고 남편이 틀렸다는 잔소리가 되고 싸움으로 번졌어요. 결과적으로 신랑이 저보다 약속시간을 더 잘 지켰지만 말이에요.

정말 사랑해서 믿음으로 결심한 결혼인데, 신혼여행을 간 순간부터 '이 사람이 정말 나만 사랑할까?'라는 생각이 들기 시작했어요.

워낙에 온유하고 친절한 신랑은 모든 사람에게 친절했어요. 그 친절이 저에게 대하는 것과 별로 달라 보이지 않았어요. 1년을 교제한 저보다 더 오랜 시간 함께한 교회공동체 지체들이 있다는 것이 샘이나 트집을 잡게 되고 종종 싸움으로 번졌어요.

어느 날, 신랑의 신앙에 큰 영향을 준 리더 언니가 단순히 안부 카톡을 보내왔는데요. 그것이 발단이 되어 사니 못 사니 싸우게 되었어요. 밤늦게 저는 집을 나왔고 갈 곳이 없어 김밥천국에서 1시간 반을 꾸역꾸역 앉아있다 집으로 돌아왔어요. 그런데 긍정적인 저희 신랑은 침대로 대자로 누워 잠을 자고 있는 것이 아니겠어요? 다시 2차전이 시작되었죠.

앞서 말했듯 늘 감정의 동요 없는, 긍정적인 신랑의 장점이 단점이 되는 순간이었어요. 사실 싸움이라고 말할 수 없는 것이 온유한 저희 신랑은 "그저 미안하다 내가 잘못했다"라고만 하니 저의 일방적인 히스테리가 맞는 말이겠지요.

신랑은 기억도 못 하고 있던 몇 십 년 전의 과거 연애사가(여자 친구 이름과 생일이 이메일 주소더라고요) 우연한 기회로 알려진 적도 있었는데요. 그렇게 또 수도 없이 다투고 화해하는 시간을 보내며 저는 신랑에 대한 사랑을 점점 확신하게 되고 신랑은 제가 바라는 바대로 맞추어 주었어요. 저의 결혼생활 제일의 필요조건은 사랑이었나 봐요. 신랑에 대한 사랑을 확신하게 되니 각자 살아온 생활방식(치약을 사용하는 것, 양말을 벗는 것, 화장실 변기 사용하는 것 등등)을 맞춰가는 것은 크게 어렵지 않았어요.

맞벌이를 하며 남편보다 더 많은 노동의 시간을 보내고 있다며 따져 보기도 하고요. 이렇게 말하기도 했어요. "머리카락 흘리지 마! 물건은 꼭 제자리에 둬!" 소소한 불평을 하고, 다툼도 많았어요. 그렇게 한 산을 넘는가 했는데, 아직도 넘어야 할 큰 산, 시댁이 있었어요. 남편은 온유하고, 긍정적이라 그나마 제가 히스테리를 부려도 다 받아 주었지만, 시어머니는 달랐어요.

사실 결혼 전, 어른들이 하는 말씀 중, 결혼은 집안 대 집안이라는 말씀이 전혀 와 닿지가 않았어요. 왜냐하면 저희 시어머님은 제 어머님보다 더 저를 사랑하는 것 같아 너무 좋았거든요. 그러나 결혼 후 살면 살수록 시어머니와의 관계는 쉽지가 않았어요.

결혼 전에는 제가 사랑하는 남편하고만 잘살면 되겠지 생각했어요. 그런데 결혼은 상대의 집안까지 같이 안고 가야 하는 것이었어요. 형님들 댁에 무슨 일이 있으면 직접적인 도움이 아니더라도 함께 동참해야 하는데 친정 식구들에게 하는 것처럼 진심으로 사랑하기가 쉽지 않았어요. 그렇게 돕고 신경 쓰는 것이 마음을 힘들게 했어요.

신랑은 제가 선택한 사람이라 어떻게든 이야기하고 풀어가며 맞춰가겠는데, 시댁식구와 어머님과는 이야기하며 맞춰갈 문제가 아니었어요. 무조건 맞춰나가야 한다는 것을 알게 되었고 심적으로 부담스러워지게 되었어요.

결혼하고 첫 추석이었어요. 어머님과 열심히 8가지나 되는 튀김을 다 튀겨 놓았는데, 정작 어머님은 위가 약해 밀가루를 잘 안 드신다는 것을 알게 되었어요. '나를 시험하신 것일까?' 하는 좋지 않은 의문을 갖고서 강원도 큰집에 인사를 드리러 갔어요.

식사시간이 되어 자연스레 방 안으로 들어가 식사를 하려는데 어머니께서 하신 한마디는 아직도 잊혀지지 않아요. "저기 큰형님들이랑 부엌에서 너도 밥 먹어라!" 어머니께서는 저의 식사를 챙겨 주시는 거였겠지요. 저희 친정에서는 남녀노소 구분 없이 함께 밥을 먹는 문화였기 때문에 이렇게 시댁처럼 남자, 큰 어른들, 며느리가 나뉘어서 밥은 먹는 문화는 당황스럽고 서운하기도 했어요.

간신히 눈물을 참으며 밥을 먹는데 눈치 없이 방에서 밥을 먹는 신랑을 보니 미운 생각이 들었어요. 신랑은 삼십 평생 그렇게 살아온 터라 전혀 문제가 되지 않았던 것 같아요. 다시 집으로 돌아와 저녁에 친정으로 가려는데 어머니께선 또 말씀하셨어요.

"아가 형님들은 보고 가야지!"

결국 형님 세 분을 다 뵙고 늦은 밤 친정으로 가게 되었어요. 친정엄마가 차려준 튀김을 먹으며 눈물이 나는 것을 간신히 참았어요.

작년 설에는 형님들 드실 수육을 삶고서 저녁쯤 처가에 가볼까 제안하는 신랑에게 어머님께서는 "가까운 곳에 사는데 천천히 가도 된다"하셨어요. 너무나 마음이 힘들었어요. 그리고 저는 출산 전까지 맞벌이를 하던 때라 시댁 식구들과 집들이 시간이 잘 맞지 않았어요. 그러다가 맞춘 시간이 하필이면 제가 학생들을 데리고 수영장으로 체험활동을 간 토요일 저녁이었어요.

첫 식사대접은 직접 집에서 만든 요리로 해야 한다는 생각으로 전날부터 준비했지만, 실력 부족으로 먹을 수 없는 요리가 되었어요. 결국 형님들이 사 오신 회와 끓이신 매운탕으로 집들이를 마쳤지요.

무사히 마친 집들이였으나 저는 시댁 식구들이 배려가 없으셨다며 화를 냈어요. 제가 좀 시간이 나는 편한 시간 와 주셨으면 좋았을 텐데…. 그냥 서운했어요.

결혼 전에는 저희 둘만 잘살면 된다고 만날 때마다 말씀하셨던 어머니셨는데 지금은 TV 리모컨이 안 된다며 부르시지요. 당장 필요 없는 김치임에도 빨리 가져가라며 재촉하세요. 손녀가 태어난 후로는 제 입장에서는 자주 뵌 것 같은데 "왜 할머니 집에 놀러 안 오냐?", "왜 금방 왔다 금방 가냐?"고 하세요.

'시댁에는 한 달에 몇 번 이상 가야 한다, 얼마 이상 있다가 집으로 돌아와야 한다'는 법이 있었으면 좋겠어요. 그럼 그 법에 따라 해 드리고, 실망했다는 말은 안 들을 수 있으니까요. 믿지 않는 가정에 믿는 며느리로 가서 잘하라는 주변의 말들이 너무 무거운 짐처럼 느껴졌어요. 더욱이 어른들 말씀은 반대로 들어 행동하면 된다는 조언도 도무지 이해되지 않았어요.

어버이날이나 생신 등 집안 행사가 있어서 식사를 하게 되거나, 인사를 듣게 될 때, 늘 그 몫은 남편이었어요. 인사를 꼭 받아야 하는 것은 아니지만 처갓집에서는 "우리 사위 고맙네!" 듣고, 시댁에서는 "우리 아들 참 착하지!" 인사를 받아요. 저도 시댁에서 칭찬을 좀 들을 수 있었으면 좋을 텐데요(저는 하늘 상금이 쌓이고 있겠죠).

자녀 둘을 돌보며 지금 제게 주신 사명을 열심히 기쁨으로 순종해야겠다는 마음과 버겁고 쉬고 싶은 마음이 늘 싸우고 있어요. 미혼일 때는 받고 싶은 훈련을 맘껏 받을 수 있었지만, 지금은 기저귀 갈고 수유하다 보면 어느덧 목사님께서 축도하고 계시는 날이 허다해요.

제가 씻고 싶을 때 씻을 수도 없고요. 자녀가 아프고 고집을 부릴 때면 제 탓 같아 미안하기만 해요. 육아가 어느 정도 끝났을 때 사회에 나가 할 수 있는 일이 없을 것 같아 불안하고 커리어를 쌓는 친구들이 부러워요. 밥도 천천히 먹는 것은 고사하고 늘 전쟁처럼 식사를 하고, 살은 점점 쪄가고 있어요. 길거리에서 예쁜 옷을 입고 다니는 아가씨들을 보면 스스로 처량해 보이기도 해요.

아직도 갈 길이 멀었지만, 그럼에도 결혼이 아니었으면 제가 지금처럼 '사람'이 될 수 있었을까 생각이 들어 감사해요. 남편에게 서운해하는 듯 들릴 수 있지만 전 남편이 고맙고, 시어머니를 이해하고 받아들이는데 약간의 시간은 걸렸지만 감사하고, 행복한 결혼 5년 차를 보내고 있어요.

결혼하고, 며느리가 시어머니를 섬기고 사랑하는 것은 쉽지 않아요. 정말, 시어머니를 어떻게 섬기고 사랑해야 할까요? 룻과 같은 여인이 되어야 해요.

이방 여인 룻은 홀로된 시어머니를 끝까지 사랑하고 돌보았어요. 시어머니 나오미는 비참한 삶을 살았어요. 낯선 모압 땅에서 남편과 아들들을 잃었어요. 그때 여호와께서 자기 백성 이스라엘을 돌보시사 그들에게 양식을 주셨다 함을 들었어요. 그래서 다시 하나님의 땅으로 돌아가려고 하였어요.

그러나 이스라엘 땅으로 돌아오려고 길을 가던 중 모압 여인이던 며느리들에게 아무것도 해 줄 수 없기에 각자 자신의 집으로 가라고 하였어요.

이런 현실 속에서 선택해야 하는 두 며느리인 오르바와 룻은 고민하였어요. 결국 오르바(목이 뻣뻣한 여자)는 떠나기로 작정하고 나오미를 버리고 돌아갔어요.

오르바가 떠난다고 하였을 때 나오미는 마음이 어떠했을까요? 나오미 자신도 하나님을 버리고 잘살아 보려고 모압 땅으로 왔었는데… 오르바의 선택을 통해 자신이 어떻게 하나님께 행하고 가슴 아프게 했는지 처절하게 느꼈을 거예요.

그럴 때 오르바와 달리 룻(친구, 동료)은 남겠다고 하였어요. 나오미는 룻에게 오르바처럼 돌아가라고 하였어요. 그러나 룻은 나오미에게 이렇게 고백했어요.

> "룻이 이르되 내게 어머니를 떠나며 어머니를 따르지 말고 돌아가라 강권하지 마옵소서 어머니께서 가시는 곳에 나도 가고 어머니께서 머무시는 곳에서 나도 머물겠나이다 어머니의 백성이 나의 백성이 되고
> 어머니의 하나님이 나의 하나님이 되시리니
> 어머니께서 죽으시는 곳에서 나도 죽어 거기 묻힐 것이라 만일 내가 죽는 일 외에 어머니를 떠나면 여호와께서 내게 벌을 내리시고 더 내

리시기를 원하나이다 하는지라"

(룻기 1:16-17)

    정말 룻은 낯선 타국 땅에서 이삭을 주우며 시어머니를 봉양하였어요. 끝까지 시어머니를 버리지 않고 책임지고 돌보았어요. 헤세드의 사랑을 베풀었어요. 우리도 양가의 부모님을 룻처럼 사랑하고 보살펴 드려야 해요.

III
결혼 후 재정적 고민

11
한 가정의 재정 계획은 어떻게 해야 하나요?

어떤 계획을 세울 때는 10년 단위로 하는 것이 좋아요. 신혼부부의 경우는 앞으로 10년 뒤에 우리 가정의 모습이 어떨지 한 번쯤 고민해 봐야 하죠. 이렇게 긴 호흡으로 여러분의 인생을 설계하면 참 좋아요.

'성경적 재정, 경제 원칙'이라는 것을 공부해 보았는데요. 성경을 깊이 연구해보니까 세상과 다른 점이 참 많더군요. 성인이 된 대부분의 사람들이 경제생활을 하고 있고, 서점을 가도 재테크 등 경제와 관련된 책들이 너무나 많이 쏟아져 나오고 있어요. 그런데 세상이 이야기하는 것과 성경이 얘기하는 것이 180도 달라요.

세상은 오른쪽으로 가고 있다면 성경은 반대로 왼쪽을 선택해 가라고 말씀합니다. 세상은 돈을 좇는, 풍요를 좇는 삶을 살라고 얘기하는데, 성경은 돈을 좇지 말고 하나님을 좇으라고 하지요.

돈과 물질은 하나님을 좇는 사람에게 하나님이 필요한 만큼 주신다고 성경은 말씀해요. 성경이 말씀하는 경제생활의 핵심 원리는 바로 주객전도(主客顚倒)가 되면 안 된다는 거예요.

그래서 마태복음 6장 24절은 이렇게 말씀해요.

"한 사람이 두 주인을 섬기지 못할 것이니 혹 이를 미워하고 저를 사랑하거나 혹 이를 중히 여기고 저를 경히 여김이라 너희가 하나님과 재물을 겸하여 섬기지 못하느니라."

(마태복음 6:24)

이것은 굉장히 익숙하고 간단한 말씀이지만, 동시에 매우 무서운 선언(statement)이기도 해요. 성경은 모든 인간은 주인을 선택해야 한다고 말씀해요. 하나님 아니면 세상의 재물인 맘몬이에요.

모든 사람들이 이 둘 중의 하나를 자기 주인으로 선택하고 살아가요. 그러나 자신이 무엇을 주인으로 선택했는지를 의식하지 못하고 살아가고 있어요. 대부분의 사람들은 맘몬을 주인으로 선택해요. 그 주인을 섬기고, 그 주인에게 호감을 얻기 위해 자신의 모든 인생을 허비해요.

아침부터 저녁까지 돈, 돈, 돈을 좇아 살아가고 있어요. 왜 그럴까요? 돈이 많으면 행복해지고, 돈이 많으면 문제가 해결될 거라는 생각 때문이지요.

그런데 성경에는 그렇게 쓰여 있지 않아요. 오히려 완전히 정반대로 쓰여 있어요.

"그러므로 내가 너희에게 이르노니 목숨을 위하여 무엇을 먹을까 무엇을 마실까 몸을 위하여 무엇을 입을까 염려하지 말라 목숨이 음식보다 중하지 아니하며 몸이 의복보다 중하지 아니하냐"

(마태복음 6장 25절)

사람들은 "무엇을 마실까, 무엇을 먹을까, 어디서 잘까, 무슨 차를 탈까, 어떤 집에서 살까?"를 인생의 유일한 목표로 생각하고 그것을 추구하며 살아가요. 그러니까 그것에 대해서 성경은 "그것은 이방인들이 하는 거야. 너희는 이방인이 아니잖아? 너희는 나를 주인으로 택한 사람들이잖니?"라고 물어보면서 거꾸로 "너희는 먼저 그의 나라와 그의 의를 구하라 그리하면 이 모든 것을 너희에게 더하시리라"고 말씀하고 있어요.

"너는 너의 identity가 무엇인지 확실히 이해해야 해! 너의 주인이 나인지, 아니면 맘몬인지. 너희가 내 자녀이고, 나를 주인으로 선택했다면 너는 이방인들이 하는 걱정을 할 필요가 없어. 네가 유일하게 관심을 가져야 하는 것은 바로 이 말씀이야. '하나님 나라'와 그의 '의'를 구하라!"

여러분의 결혼생활의 목적은 무엇인가요? 여러분의 결혼생활에 필요한 공급원은 하나님의 나라와 하나님의 의를 구하는 삶인가요? 하나님의 나라와 하나님의 의에 초점을 맞출 때 비로소 여러분의 인생에 필요한 모든 것이 공급될 거예요.

우리는 때로 자신이 벌어서 자신의 능력으로만 자신의 필요를 공급하려 해요. 하지만 공급이란 나 자신이 다 무엇을 하는 것이 아니라 주어지기도 하는 거에요. 때에 따라 하나님께서 공급해 주시고, 축복해 주세요.

여러분이 이제 결혼해서 성경의 원리가 바탕이 된 새로운 경제생활을 하신다면 여러분의 삶 가운데 하나님이 공급하시는 것을 경험하게 될 거예요.

그렇지 않다면 여러분들은 교회는 나오지만, 이방인의 삶을 사는 것과 다를 바 없어요. 이방인은 자기 능력으로 자신의 필요를 채우는 존재들이지만, 하나님의 자녀는 하나님께서 나의 필요를 공급하는 것을 매일매일 체험하는 존재들이에요.

그렇다면 이제 우리에게 가장 중요한 것이 무엇일까요? 바로 여러분의 가정에서 추구해야 하는 하나님 나라의 의가 무엇인지를 아는 거예요. 여러분이 결혼하면 앞으로 몇 가지를 해야 해요.

여러분은 그냥 결혼한 것이 아니에요. 많은 어려움과 고비, 갈등을 넘고, 나와 평생을 같이할 사람이 바로 이 사람인가를 깊이 고민하고 결혼했을 거예요. 이러한 과정 없이 결혼한 사람은 아마 한 사람도 없을 거예요. 이제 우리가 고민할 부분은 한 가정의 부부로서 우리는 무엇을 이루기 위해서 사는가? 즉, 우리는 왜 결혼을 했는가를 생각해 보아야 해요.

결혼은 왜 하는 걸까요? 저녁에 헤어지기가 싫어서인가요? 우리 가정의 목표는 최소한 이러한 농담보다는 조금은 다르고, 조금은 깊은 목표를 필요로 하지요. 특별히 크리스천 가정의 목표는 하나님 나라의 가치에 부합하는 것으로 세워져야만 하지요.

우리 가정은 어떠한 가정이 되어야 할까요? 우리가 결혼해서 이루고자 하는 것은 무엇일까요? 이러한 것에 대해서 깊은 고민이 필요해요. 결혼한다는 것은 완전히 새로운 세계로 들어가는 거예요. 혼자 살 때는 편하죠. 요즘은 개그콘서트에서도 혼자 사는 것이 좋다고 말하는 세상이에요.

결혼은 완전히 다른 차원으로 들어가는 거예요. 혼자 사는 것과 둘이 사는 것은 아예 다른 세상인데 그 세상은 환상적인 세상이 아니에요. 새로운 과정을 넘어가야 하는 그런 세상이에요.

경제의 의미에 있어서 여러분이 거쳐야 하는 첫 번째 과제가 무엇이냐 하면 분명한 가정의 목표를 세우는 거예요. 우리는 왜 가정을 이루었고, 우리가 이 가정 속에서 이루고자 하는 목표가 무엇인지를 설정해야 해요. 그것을 먼저 세워야 해요.

그것이 설정된 이후에는 서로의 현상들을 파악해야 해요. 개개인의 부채와 자산을 공유해야 해요. 현재 돈을 얼마나 벌고 있고, 자산은 얼마를 가지고 있고, 가진 부채는 얼마인지 그것을 아주 세세하게 다 적어보세요.

자산과 부채, 소득에 대해서 서로에게 솔직해야 해요. 학자금 대출부터 현재 각자의 자산, 예금의 규모까지요. 지금 직장을 다니면서 얻는 소득은 얼마나 되는지도 물론 나누어야 해요. 구체적으로 1년에 얼마를 벌고 있는지 연봉명세표를 다 공개해야 해요. 부부 사이에는 비밀이 없어야 해요.

부부 사이에서도 애매하고 치사하게 되는 것이 바로 돈이에요. 그런 가로막는 벽을 아예 결혼 전에 모두 없애는 것이 좋아요. 과거에 우리가 개별적으로 살았을 때 재정적 스토리가 어떠했든 결혼을 한 이상 서로를 인정해야 해요. 두 사람이 사랑해서 살기에 재정적으로도 같이 출발하는 거예요. 출발 선상에서는 모든 것이 투명해야 해요. 서로 간에 숨기는 것 없이 완전히 있는 그대로를 다 드러낼 수 있어야 해요. 그렇지 않으면 사랑하는 관계가 아니라 계약적인 관계가 될 수 있어요.

첫째, 자산과 채무를 공유하라!

기철이는 결혼하기 전 영어 강사를 하였어요. 아르바이트를 할 때 보다 10배 정도 더 벌면서 결혼하기 전 적금도 여러 개 들었어요. 물레방아 적금을 돌리면서 이자를 많이 받으며 돈을 차곡차곡 모았어요.

그런데 기철이와 결혼할 진영이는 직장생활을 하였지만, 학자금 대출로 인해 여전히 카드빚을 지게 되었어요. 몇 년 연애하면서 결혼할 배우자의 카드빚은 점점 더 커져갔고, 결국 카드 돌려 막기를 하게 되었어요.

결혼한 후에도 아내 진영이는 여러 카드로 카드빚을 돌려 막고 있었어요. 그러나 남편인 기철이는 전혀 모르고 있었어요. 아내 진영이의 카드빚은 더 심해졌고 안색은 점점 안 좋아지게 되었어요. 기철이는 아내에게 왜 이렇게 얼굴이 안 좋냐고 물었고, 그제야 진영이는 솔직하게 카드빚에 대해서 말하게 되었어요.

좀 더 일찍 얘기했더라면 카드빚이 지금처럼 커지지는 않았을 거예요. 하지만 진영이는 혼자서 갚아 보려 하다가 결국 더 큰 어려움에 부닥치게 되었어요. 기철이가 만나서 결혼을 하자고 할 때도 당장 하지 않고 미루었던 이유도 바로 이런 경제적인 이유였어요.

재산이 많든, 빚이 있든 간에 배우자는 자신의 자산 상황을 솔직히 공유하고 서로 도움을 주고받는 것이 좋아요.

성경은 이렇게 말씀하지요.

"너희가 짐을 서로 지라 그리하여 그리스도의 법을 성취하라"
(갈라디아서 6:2)

그 짐이 복음의 짐이든 부부간에 재정적인 짐이든 그리스도 안에서 서로 지는 것이 합당하고, 이것을 주님께서 기뻐하세요.

둘째로, 청지기로 자산을 관리하라!

성경은 우리를 '하나님 나라의 청지기'라고 했어요. 청지기란 다른 사람의 재산, 즉 남의 재산을 관리하는 사람이에요. 예를 들어 회사라고 하면 경리부라고 할 수 있을 것 같아요.

경리부에서는 회사의 모든 수입과 지출을 세세하게 정리해서 주인인 주주들에게 보고해요. 일 년간, 한 달간 우리 수입이 얼마였고, 돈은 얼마 있었고, 어떤 용도로 사용했는지 등등 모두 다 세세하게 주인에게 보고하기 위해서 정리해요. 이런 재정 보고를 통해 더 잘 회사가 운영되어요. 우리도 가정의 수입, 지출, 저축, 투자 등을 잘 정리하고, 나누어야 해요.

결혼하여 가정을 꾸리고 하나님의 나라와 의를 위하여 나아갈 때 하나님께서 그 가정에 필요한 것들을 공급하세요. 재정뿐만 아니라 여러 가지 새로운 기회, 자녀 등 많은 것을 주세요. 우리는 하나님께서 우리에게 공급해 주시는 것들을 잘 관리해야 해요.

건강, 시간, 재정 등 관리해야 할 것들은 참 많아요. 물질은 물론이거니와 우리에게 주어진 자연, 환경 또한 관리해야 해요. 이것들은 계속해서 여러분 가정에 공급될 것이기 때문이에요.

청지기의 소임은 잘 관리하는 거예요. 성경은 달란트 비유를 통해 관리의 중요성을 설명해주는데요. 한 청지기는 자신에게 맡겨진 달란트를 잘못 관리하는 바람에 주인에게 혼이 났어요. 주인은 그 청지기에게 있는 것마저 빼앗아 제대로 관리하는 청지기에게 맡기셨어요. 우리는 이러한 주인과의 정산이 있다는 것을 기억해야 해요. 우리에게 맡겨진 것을 잘 관리해야겠다는 다짐도 필요해요.

세 번째로, 자산 관리를 위해서 가계부를 쓰라!

여러분의 가정에 하나님이 필요한 것들을 공급하기 시작하는데 관리를 잘하려면 장부를 잘 써야 해요. 요즘은 가계부 앱도 있어서 사용하면 편리하게 정리가 되기도 해요. 장부가 정확히 파악되어야 관리를 시작할 수 있어요. 지금까지 개인적으로 가계부를 쓰는 사람도 있고 안 쓰는 사람도 있을 텐데, 청지기라는 개념이 있다면 주어진 재물을 잘 관리하기 위해 가계부를 쓰는 것은 기본적 의무이죠.

어떤 교회에 가서 강의를 했는데요. 한 90-95%가 가계부를 안 쓰고 있었어요. 왜 가계부를 안 쓰냐고 했더니 가계부를 쓸 만큼의 수입이 없다고 대답을 하더군요. 하지만 그것은 청지기의 마땅한 자세가 아니에요. 새로운 가정의 출발을 앞두고 있는 사람들은 과거의 것을 다 잊어버리고, 결혼 첫날부터 아니 결혼하기 전부터 가계부 쓰는 습관을 생활화하길 적극 추천해요.

착하고 충성된 종에게는 하나님께서 칭찬하시고 복을 주시며 상을 주세요. 가계부는 두 사람이 결정해서 남편과 아내 중 잘 쓰는 사람이 쓰면 돼요. 둘 중에 한 사람은 꼭 영수증을 잘 모으는 꼼꼼한 사람이 있을 거예요. 누가 하는가는 중요하지 않아요. 남편이든 아내든 잘하는 사람이 하면 돼요. 하지만 가계부는 꼭 쓰셔야 해요.

그리고 가계부를 쓰고 난 후 한 달에 한 번은 이 가계부를 놓고 부부가 같이 평가를 할 수 있어야 해요. 자산, 부채, 소득 이것이 사실 가정경제의 핵심이거든요. 그다음 단계가 저축과 투자인데 이것이 잘 진행되면 부의 축적이 이뤄지기 시작해요. 이 단계까지 기초부터 하나씩 하나씩 다지면서 올라가는 것이 중요해요.

여러분은 지금 엄청난 장점(merit)을 가지고 시작하는 거예요. 이런 내용을 모르고 결혼생활 10년 한다면 아마도 엉망진창이 될 거예요.

신혼여행을 갈 때 아무 생각 없이 마냥 좋아서 다녀오는 부부와 아까 얘기했던 것처럼 10년 뒤 우리 가정의 목표를 세우고 돌아오는 부부는 10년 뒤 엄청난 틈을 느끼게 될 거예요. 그래서 여러분은 이런 훈련을 받고 미리 준비를 할 수 있다는 것이 정말 복 받은 거예요.

귀찮게 가계부를 왜 쓰느냐, 가계부 쓸 만큼의 재정이 아니라고 할 수 있겠지만, 가계부가 왜 중요한지 좀 더 알려 드릴게요. 회사로 예를 들어보면 각 회사에는 회계부서가 있어요. 회계부서에서 장부를 만들고 그것을 기본으로 경영관리나 기획부로 넘어가서 예산편성이 진행되죠.

이러한 예산편성은 현실을 직시하게 하고 목표달성을 위한 자금 편성을 하게 하죠. 그렇다면 회사에서는 이렇게 잘하는 일이 집에서는 왜 안 되는 걸까요? 그건 집은 대충해도 굴러가겠지라는 안일한 생각 때문일 거예요.

이 세상에 대충 굴러가는 것은 없어요. 철저하게 관리해야 해요. 왜냐하면 우리는 청지기이니까요. 그것도 세상 회사가 아닌 하나님이 맡겨준 재정을 관리하는 하나님의 청지기이니까요.

우리 가정에 100이 맡겨졌든, 50이 맡겨졌든 그것은 중요한 것이 아니에요. 맡겨진 것을 잘 관리하면 그다음에는 주인이 알아서 하시는 거예요. 이것이 바로 하나님 나라의 신비에요.

나에게 얼마가 주어졌든 간에 내가 하나님의 재정을 관리하는 청지기로서 마땅히 바른 태도를 가져야 해요. 맡겨진 것들을 잘 관리하면 하나님께서 이 청지기에게 100이 필요하면 100을 맡기시고, 1,000이 필요하면 1,000을 맡기시는 거예요.

청지기 역할은 하나도 안 하면서 '왜 나한테는 하나도 안 주시지?'라고 한다면 말이 안 돼요. 맡긴 것을 제대로 관리하는 태도가 없는 사람에게 맡길 수는 없어요.

사장이라고 가정해 보세요. 예산을 맡길 때 잘 관리하고 잘 편성하는 사람에게 믿고 맡길 거예요. 관리도 안 하고 나태한 사람에게는 절대 맡기지 않을 거예요. 왜냐하면 그것은 팀이 해체될 위기로 이어질 수 있을 테니까요.

하나님 나라도 다를 게 없어요. 여러분은 결혼해서 똑같은 출발 선상에 같이 서 있는 거예요. 한 팀으로 말이죠. 이제 10년을 달려 갈 텐데요. 10년 뒤 우리가 여기에 다시 모인다면 어떤 모습일지 생각해보세요. 엄청난 차이가 있을 거예요. 어떤 가정은 여기 있고, 어떤 가정은 저기 있을 거예요. 무엇이 다르게 만든 걸까요? 그것은 지금 처해 있는 나의 상황 때문은 아닐 거예요. 지금부터 어떻게 살겠다는 지금 나의 결정에 의해 달라질 거예요. 이것이 또 하나의 놀라운 하나님 나라의 신비에요. 지금이 중요한 것이 아니라, 지금부터가 중요한 거예요.

가계부를 들여다보면 변동을 볼 수 있어요. 거기다가 가계부를 쓰면 비용지출이 나오죠. 소비와 부채를 없애야 해요. 빚을 지면 안 돼요. 이것은 성경에 나오는 내용인데요.

"부자는 가난한 자를 주관하고 빚진 자는 채주의 종이 되느니라."
(잠언 22장 7절)

　빚을 지면 빚을 준 사람에게 종살이를 해야 해요. 그렇기 때문에 성경은 사랑의 빚 외에는 아무 빚도 지지 말라고 하는 거예요.
　그러므로 결혼할 때 빚을 지지 않고 시작하길 노력하세요. 현재 한국 사회의 큰 문제가 바로 이 빚인데요. 이미 진 빚은 어쩔 수 없으니 어떻게 하면 빨리 갚아 없앨 수 있을까를 고민하면 돼요. 그래서 자산과 부채가 나오면 가계부를 쓰면서 어떻게 해서든 빚을 없앨 수 있는 계획을 세워 얼른 청산해야 해요.

12
가정의 빚은 어느 정도 있어도 괜찮지 않은가요?

성경은 명백하게 빚을 내는 것이 죄라고 말하지는 않아요. 그러나 빚을 지게 되면 다른 사람의 종살이를 하게 되니 빚을 최대한 빨리 갚으라고 하죠. 가지고 있는 빚을 모두 조사한 다음에 빚의 이자가 가장 높고 금액이 적은 것부터 갚아야 해요. 그런데 그러기 위해서는 우리가 돈을 어떻게 벌어서 어떻게 쓰고 있는지를 먼저 파악해야 해요. 거기서 방법을 찾아내야 하는 거예요. 누가 해 주기를 기다리거나 해 줄 수 있는 게 결코 아니에요. 이것은 여러분이 함께 싸워나가야 하는 거예요.

줄지도 주무시지도 않는 이자님

평생 빚을 지고 일생 동안 일을 해서 채권자한테 이자 바치는 사람들이 수두룩해요.

크라운 재정학교 신이철 대표님의 예전 직장은 금융기관이었어요. 1979년도에 입사를 하여 그곳에서 보너스를 1,300%씩 받았어요. 월급 받고 거기에 보너스에 다시 보너스를 받는 해도 있었어요. 그런데 금융기관을 10년 정도 다니다 보니까 여기는 더 이상 있을 곳이 못 된다는 생각이 들었어요. 그래서 그만두었어요. 그렇게 사표를 낸 뒤 발견한 것이 있었는데요. 세상을 살아가는데 조심해야 할 것이 있다는 것이었어요.

"이자님은 졸지도 주무시지도 않는다!"

농담으로 이 이자는 하나님 같은 존재라고 해요. 누군가가 빚을 지면 그 누군가의 이자가 계속 들어가요. 그렇게 끊임없이 들어오는 이자 덕분에 서울 시내 한복판에 금융계의 높은 빌딩 안에서는 에어컨 빵빵하게 틀어놓고, 히터도 따끈따끈하게 틀지요.

매일 와이셔츠 입고 도장 찍고 앉아서 연 1,300%씩 보너스 받는 생활도 누릴 수 있었어요. 개인으로서는 편하고 안락한 삶이었지만 그 시스템이 무서운 것이었어요. 그러나 그런 편의와 부는 어떤 이의 평생 노동의 대가를 기반으로 하고 있었어요. 한 달을 정말 열심히 일해서 월급을 받아도 통장은 월급의 정거장인 것처럼 들어왔다가 이자로 바로 빠져나가요. 누가 주인일까요? 이 분, 이자님이 주인이에요!

여러분이 주인이 아니에요. 여러분의 인생에 이자를 안 내고 견딜 수 있는 사람이 있을까요? 못 견뎌요. 이자는 그냥 내야 해요. 어마어마하게 무서운 것이 이 빚이라는 거예요. 그래서 종살이가 되는 것이고요.

21세기에 종살이는 빚쟁이가 종살이에요. 요새는 TV를 틀면 무슨 저축은행에서 계속 돈을 쓰라고 해요. 정말 편리하고 간편하게 신용조회도 안 하고 대출을 해 주겠다고 해요. '단. 박. 대. 출' 무슨 자선 사업인 것 같지만 천만에요. 여러분을 전부 종으로 만드는 속임수이지요. 정말 무서운 금융 시스템이에요.

빚은 어쩔 수 없는 현실이에요. 그러니 부부로서 어떻게, 어느 기간 안에 빚을 갚을 것인가를 첫 번째 목표로 해야 해요.

현재 우리나라 금리가 6-7% 정도이지만 IMF 때는 25%나 되었어요. 이 금리는 대통령이나 한국에서 정하는 것이 아니라 다른 사람들이 정하는 거예요. IMF를 맞기 전까지 우리나라 금리가 25%까지 올라간 적이 없어요. 그런데 어느 날 갑자기 자고 일어나니 금리가 25%가 된 거예요.

그럼 어떻게 되는 줄 아세요? 5-6% 이자 내기도 어려운데 25%나 되는 이자를 낼 수 있을까요? 아니에요. 그냥 연체할 수밖에 없게 되는 거예요. 연체되면 다시 금리가 올라 30%가 되어요. 결국 빚을 낼 수 있었던 근거가 되는 부동산, 자산이 압류, 경매되고 여러분은 거리로 내몰리게 되는 거죠. 이게 IMF 실체에요.

그게 언제 올지 몰라요. 많은 미래학자가 '멀지 않았다'고 얘기를 했어요. '전 세계에 또 한 번에 금융 위기가 올 가능성이 높다. 무서운 시대가 온다.'라고 했어요. 그래서 여러분들은 부채를 다 파악하고 이 부채를 내 소득에 비춰봤을 때 어떻게 최단기간 내에 갚을 수 있을지에 대한 플랜을 세워서 예산을 편성할 수 있어야 해요. 이게 무조건 첫 번째에요. 부채를 없애야 해요. 그러하려면 소비를 줄일 수밖에 없는데요. 이렇게 사는 것은 보기보다 엄청난 도전이에요. 100세 시대에 들어

섰는데, 고통스러운 삶을 살 수는 없잖아요. 그러니 있는 것 입고, 버티세요.

빚이 없이 출발하는 것이 지혜로운 거예요. 세상은 빚을 지렛대 원리(놓고 무거운 것을 올려서 힘을 조금만 주면 들어 올릴 수 있는 원리)로 설명하며 부채를 통해서 큰돈을 벌 수 있다고 유혹해요. 이것은 세상의 원리에요. 이 속임수에 속으면 안 돼요! "빚내서 공부해! 빚내서 부동산을 사! 빚내서 사업해!"라며 속삭여요. 그러나 그렇게 하면, 나중에 다 종살이하는 거예요.

세상은 빚내서 뭐 하다가 혹시 일시적으로 뭔가 성공해서 돈을 많이 번 사람은 굉장히 성공한 사례로 부풀리고, 그 사람을 모델로 세워서 "저 사람 봐! 저렇게 빚내서 빨리 돈을 이렇게 많이 벌었네! 저 사람을 본 받아야 해!"라고 선전해요.

하지만 성경에서는 그것이야말로 새빨간 거짓말이라고 얘기하고 있어요. 절대로 빌려서는 하지 말라고 얘기하고 있어요. 빠른 시간에 많은 돈을 버는 것에 초점을 맞추는데, 그렇게 해서 성공할 가능성은 거의 없어요. 이게 사실이에요. 그러므로 가계부를 쓰면서 부채를 청산하는 계획부터 세우고 소비를 줄여 부채를 청산하는 데 집중해야 해요.

이 과정에서 몇 가지 약속을 해야 해요.

첫째, 재정적 결정은 혼자서 혹 둘이서?

중요한 재정적 결정은 혼자서 결정하지 않아야 해요. 돈을 빌리거나 빌려주거나, 보증을 서거나 누구의 것이든 간에 결혼한 이상 부모도 부부 사이보다 더 우선순위가 되어서는 안 되지요.

부모님의 의견보다도 남편의 의견, 아내의 의견이 훨씬 중요해요. 결혼 한 이상 두 사람이 최고의 의사 결정권자라는 것을 잊어서는 안 돼요. 양가 부모님이 뭐라고 해도 두 사람의 의견보다 앞서게 해서는 안 돼요. 그래서 모든 결정은 두 사람이 100% 동의가 되어야 해요. 경제적인 부분에 있어서는 서약이나 각서를 써서라도 이러한 원칙을 지켜나가야 해요.

결혼했을 때 짐만 서로 같이 질 것이 아니라 재정적 의사결정을 할 때도 같이 해야 해요. 결혼 주례를 해 준 한 커플에게 연락이 왔어요. 한번 만나 달라고 하여서 금요일기도모임 후 늦은 밤 커피숍에 갔어요. 음료를 시키기도 전에 결혼 생활의 어려운 재정 이야기를 꺼내더군요.

결혼 전 남편 영민이의 가정은 재정적으로 어려웠어요. 가난으로 오랜 시간 동안 모든 가족이 고생했지요. 그래서인지 영민이의 동생은 사업을 여러 개 하면서 더 많은 돈을 벌려고 하였어요. 많은 투자금이 필요했고, 형에게 2억이나 되는 돈을 빌려서 사업을 벌여 나갔어요. 동생은 영민이에게 빌린 돈에 대한 이자를 주기로 약속했지만 이자는커녕 돈을 갚으려 하지도 않고, 오히려 본인은 더 큰 집을 구입했어요.

기숙이는 그런 도련님을 이해할 수 없었어요. 기숙이의 생각에는 경기도 안 좋은데 투자한 돈을 받을 수 없을 것 같았어요. 결혼 전에 빌려 준 돈이지만 남편은 결혼할 때 본인이 저축한 돈을 동생에게 준 것을 말하지 않았지요. 남편은 동생이 갚을 것이라고 막연히 믿고 있었어요. 기숙이는 못 받을 수 있다는 불안감과 더불어 도련님 보기도 껄끄러워졌어요. 편하게 웃고 대화하지 못하는 상황이 된 거예요.

저는 일단 결혼 전에 빌려준 것이고, 같은 형제 사이의 일이니 그럴 수 있다고 하였어요. 그러나 결혼한 후에는 부부는 서로의 의견을 존중해 주어야 한다고 알려 주었어요. 그런 뒤 다시 이 문제를 서로 나누고 이 문제로 영민이의 동생과 기숙이가 마음에 어려움이 없도록 하라고 조언해 주었어요. 두 사람은 제가 떠난 뒤에도 계속 같이 이야기를 나누었어요.

영민이는 동생과 이야기를 나누고, 3년 안에 빌려 간 2억을 갚기로 약속을 받았어요. 나중에 동생은 돈을 다 갚았고 기숙이와 도련님은 재정적인 일로 더 이상 마음이 상하거나 불편해하지 않게 되었지요.

결혼 전에 누군가에 돈을 빌려주었더라도 결혼 후 다시 상의해야 해요. 그리고 자신의 가정이 경제적으로 어려움에 처하지 않도록 방안을 모색해야 해요.

둘째, 재정은 개별 혹 통합?

재정은 통합해야 해요. 요즘 사람들은 본인이 번 수입은 본인이 직접 관리하는 경향도 있어요. 공동 생활비를 모아서 쓰고 나머지 돈은 각자가 관리하려고 하는데, 이는 곧 이혼을 준비하는 것과 다르지 않아요. 이러한 부부는 멀지 않아 이혼한다 해도 전혀 이상하지 않을 거예요. 각자의 통장으로 월급이 들어오면 한 통장에 넣어서 통합 관리해야 해요. 재정이 갈라져 있는데 가정이 통합되었다고요? 그건 새빨간 거짓말이지요.

부부가 집을 사서 누구 명의로 할 것인지에 대해서도 다 협의해야 해요. 공동으로 할 것인지, 남편 이름으로 할 것인지, 아내 이름으로 할 것인지 결정해야 해요. 그런데 그런 모든 결정에 두 사람이 동의하지 않으면 하지 말아야 해요. 혼자서 결정하는 것은 절대로 안 돼요. 왜냐하면 동의하지 않는 결정이 혹시나 잘못되면 그것은 재정의 손실만 끼치는 것이 아니라 관계까지 깨지게 되는 거예요. 부부 사이의 관계가 깨지면 끝이지요. 이게 제일 중요해요.

그래서 돈이 중요한 것이 아니라 부부 사이에는 부부 사이의 대화와 관계가 더 중요해요. 관계를 잘 유지해야 해요. 그래서 서로를 인정하고, 서로를 존경하고, 존중하며 상대방의 의견을 항상 경청해주며 상의해서 결정해야 해요. 상의하지 않고는 결정하지 않아야 해요.

셋째, 카드 혹 체크카드?

카드는 없는 게 가장 좋고, 신용카드가 꼭 필요할 경우 딱 1개만 가지고 사세요. 그리고 웬만하면 체크카드를 활용하세요.

헌금 또는 양가 부모님 용돈, 생신 선물까지 모든 것에 가정의 규칙을 세워야 해요. 디테일 할수록 좋아요. 교회 헌금도 어떻게 할 것인가에 대한 부부의 동의가 있어야 해요. 그런 것을 정하지 않으면 자꾸 눈치를 보고 미묘하게 줄다리기하는 경우가 생겨요.

이러한 것으로 자꾸 감정이 상하게 되어요. 부부 사이는 주로 작고 사소한 것을 가지고 티격태격해요. 큰 문제를 가지고 싸우지 않아요. 되레 큰 문제가 생기면 부부는 이로 인해 한마음이 되는 경우가 더 많아요.

이런 일에는 더욱 지혜롭게 서로 앞으로 예상되는 것들에 대해서 같이 논의해야 해요. 예를 들면 이런 거예요. 우리 경제 상황으로 가계부를 써보니 부모님 생신 때에는 2만 원 이상 쓸 수가 없더라, 그러면 2만 원을 결정하고 부모님께도 말씀을 드리는 거예요.

더 해드리고 싶은데 우리 상황이 지금은 이러하니 또 한 해 동안 하나님께서 축복해 주시고 우리가 더 열심히 하면 나아질 테니 그 때 더 드리겠다고 솔직하게 말씀 드려야 해요.

이 모든 것을 충동적으로 해서는 안 돼요. 생각하고 계획하고 지키는 것이 중요해요. 그게 바로 청지기예요. 이게 잘되지 않으면 우리 집에는 소홀하고 자기네 집은 엄청 신경 쓴다는 등 굳이 신경 쓰지 않아도 되는 감정을 소비하게 되어요.

사람이 이래요. 감정 낭비, 시간 낭비할 시간 없어요. 대부분 합리적이고 확고한 규칙에 의한 것이어야 서로 기분 나쁜 일이 없으니 그런 것도 꼼꼼히 정하세요.

자산 공개할 때에도 보험도 같이 다 공개해야 해요. 나는 보험은 무엇을 들고 있다, 안 들고 있다면 보험을 들어야 해요. 보험은 만약의 사태에 대비해서 배우자에게 가해질 위험을 축소시켜주는 거예요.

생명보험 이라든지 실손보험 이라든지… 나이가 어릴 때 들수록 보험은 저렴해요. 그리고 저축성 보험이라고 있는데, 이것은 만기가 되면 원금을 돌려받는 것인데 이런 것은 들지 마세요. 보험은 그냥 보험만 드는 거예요. 그리고 기본으로만 하세요. 보험은 항상 기본에 플러스 옵션으로 구성되어서 옵션이 늘어날수록 보험료가 올라가요. 특약을 너무 많이 들지는 마세요. 이렇게 해야 합리적인 저렴한 보험료가 될 거예요. 가정의 안전을 위해서 보험은 필요해요.

보험을 너무 많이 가입하는 것도 문제지만 아예 아무 보험도 안 드는 것도 문제예요. 보험의 종류를 파악해서 불필요한 것은 들지 말고, 필요한 것만 하나씩 가지고 있어야 해요.

13
부정직한 수입에 대해서는 어떻게 봐야 하나요?

이제 부부 사이 재정 상황을 파악하고, 목표도 세우고, 부채에 대한 계획도 세웠어요. 그럼 무엇이 남았을까요?

매우 중요한 부분이에요. 많은 사람이 이 문제 때문에 고민해요. 정직한 방식으로 돈을 벌지 않으면 부부관계는 오래가지 못해요. 그러니 결혼 전 이런 부분을 놓고 이야기를 하고 서로 서약을 해야 해요.

"부정한 방식으로 나는 살지 않겠다. 부정한 방식으로 번 돈은 우리 집 담을 넘어올 수 없고, 현관을 통과해 올 수 없다!"

뇌물을 받거나 이상한 방식으로 돈을 얻는 것에 대해서는 거절할 수 있어야 해요. 청지기의 덕목 중 가장 첫 번째가 정직이에요. 하나님께서 여러분의 가정을 청지기 가정으로 보고 계세요. 사람도 정직하지 않은 사람에게는 무엇도 잘 맡기지 않게 되잖아요. 하나님도 똑같아요. 청지기 가정이 정직하지 않다면 세상을 살면서 하나님의 복을 받을 수 없어요.

그렇기 때문에 결단하고 어떠한 경우에도 정직하게 돈을 벌어야 해요. 물론 월급쟁이는 특별히 부정하게 돈을 버는 경우가 드물지만, 사업을 하는 등 어떠한 경우에도 부정직한 방법으로 돈을 벌지 않겠다는 결단해야 해요.

쉬울 것 같죠? 그런데 정직하지 않은 세상에서 이것은 정말 쉽지 않아요. 어느 조직을 들어가도 내 주변에 있는 사람들 중에 정직하지 않은 것들을 많이 보게 돼요. 영수증도 2만 원짜리를 올리지만, 막상 쓴 것은 1만 원일 수 있어요. 밥도 안 먹었는데, 먹었다고 영수증 올리기도 해요. 근무는 하지도 않고 초과근무지에 도장 찍어요. 수입을 올리려고 별의별 수단과 방법을 동원하는 사람들을 찾는 건 어렵지 않아요. 환경이 이러하다 보니 부정직한 수입을 거절하는 것이 나에게도 결코 쉽지는 않아요. 그래서 우리는 "나는 그런 수입을 벌지 않겠습니다!"라는 결단을 항상 살면서 해야 해요.

지영이는 대학 졸업 후 공무원 시험을 통과하였어요. 좋은 배우자를 만나 일찍 결혼도 하였어요. 자신이 원하던 곳에서 일하게 되어서 들뜬 마음도 있었지만, 사회초년생인 지영이는 마음에 근심도 있었어요. 예배시간에 정직에 대한 설교를 듣고, 마음에 울리는 것이 있었어요. 그것은 회사에서 다른 공무원들이 하듯 돈을 받기 위해 허위 출장비를 받지 않으려고 한 거였어요. 그러나 그런 정직한 마음은 사회에서 냉대를 받았어요. 아래 내용은 지영이의 결단과 마음의 고통을 엿볼 수 있는 간증의 글이에요.

목사님~* 아까 넘 반가웠어요.

리더 모임 시간에 뵀는데도 왜 그리 반갑게 느껴지던 지요. ㅎㅎ

목사님께 참 감사해요~!

무딘 저를 깨워 주시고 일으켜 주시고요…ㅎㅎ

매일 이어지는 제 삶은 하나님께 정말 부끄럽지만,

그럼에도 목사님을 통해 용기 주시고 끝까지 함께하시는 하나님을 느껴요~!

사회생활을 하면 할수록

영성과 전문성을 키우려면 정말 피나는 노력을 해야 하는구나…

정말 고통을 참으며 일궈내야 하는 거구나… 라고 크게 느끼는 요즘이에요. ㅎㅎ

그리고 목사님께 간증 하고 싶은 게 있어요.

크게 나눌 때가 없었어요. ㅎㅎ

작년에 직장에서 이유 없이 선임에게 미운 털이 박혀 몇 달 동안 끙끙 앓았어요.

기도하며 견디는 과정 속에서 나를 미워하는 사람도 사랑할 수 있는 걸 배웠어요…

마지막엔 이렇게도 기도했어요.

"제가 사랑하는 선임, 제가 존경하는 선임에게 예수님이 그 마음 변화시켜 주세요!"

그러고 반년이 지나
우연히 선임이 저를 부를 일이 있었는데
"지영씨!"가 아닌 "지영아!"라고 부르더라구요...

정말 눈물이 핑 돌 뻔 했어요.
예수님이 불러 주는 것 같았거든요...

지금도 서먹한 사이는 여전하지만
그저 그 사람이 하는 일이 잘되길
축복하면서 기도하길 더 노력하려구요~*

그리고 전에도 나눴듯이 허위 출장과 관련해서 새로 온 선배의 무언의 압박이 있었어요...
저는 돈 덜 벌더라도 정직하고 싶었어요..
그렇지만 남들 눈에는 왜 저만 유난 떠냐는 식으로...
분위기가 안 좋았었어요.
안되겠다 싶어서 1:1로 직면 했어요.
더 이상 질질 끌지 말고 분명히 말하고 싶었어요...

다행히 이야기는 잘 마무리 됐지만 제 몸은 지칠 대로 지쳤는지 그 다음 날 바로 B형 독감에 걸려서.. 쭉 입원하고 지냈어요.

그런데 한편으론 감사했어요.
신앙의 양심을 지키기 위해서라면 차라리 몸이 아픈 게 나은 거 같다는 생각이 들었어요.
감사히 잘 낫기도 했구요.

쓰다 보니 길어졌네용 목사님 ㅎㅎ
결론은.. 목사님께 늘 감사해요ㅎㅎ
그리고 사랑해용~!!!
평안한 밤 되세요. ㅎㅎ

하나님의 청지기들은 항상 이러한 도전을 받아야 해요. 세상 사람들은 자신의 필요를 자신이 벌어서 채운다고 생각하기 때문에 수단과 방법을 가리지 않아요. 하지만 하나님께서는 뭐라고 하세요? "너 그럴 필요 없어. 네가 청지기 일을 잘하면 네가 필요한 것을 다 줄게."

그러니 우리는 이렇게 고백해야 해요. "저는 부정직하게 수입을 올리지 않겠습니다!" 죄송하지만 저는 그런 짓은 못하겠습니다. 그때 하나님이 역사하십니다. 성경에 나와요.

사람들은 생각보다 더 부정직해요. 어리석은 것은 당장에 그렇게 하면 돈을 더 많이 벌 수 있을 것 같아 그렇게 하는데 결국 단판에 무너질 수 있어요. 식사비 1만 원을 2만 원으로 해서 올리면 나머지 1만 원은 내 몫으로 할 수 있잖아요. 그렇게 하거나 100만 원짜리를 200만 원짜리로 해서 나머지 돈을 남기거나 했을 때, 갑자기 감사에 걸려 결국 들통나게 되어 있어요.

그럼 그 이후에 과연 어떻게 될까요? 드러나는 순간 끝나는 거예요.

어리석게도 사람들은 그 끝을 생각하지 못해요. 아니, 몰라요. 하지만 사탄은 알고 있어요. 그래서 가만히 놔두는 거예요. 그렇게 계속 속아 넘어가도록. 그러다가 단박에 모든 것을 몰락시키고 멸망시켜요. 그러므로 작은 것이라도 청지기는 정직해야 해요.

14
저희 가정은 갚아야 할 부채가 있어요. 그런데 남편은 저축을 하려고 해요. 어떻게 받아들여야 할까요?

정말 어려운 것이지만 빚을 정리하는 과정에서도 저축을 할 수 있어야 해요. 처음에 예산을 편성할 때 빚 갚는 예산과 함께 저축할 예산을 동시에 세워야 해요.

저축이 꼭 필요할까요? 우리는 어떠한 상황을 만날지 알 수 없어요. 위태로운 상황을 맞이했을 때를 대비해야 하기 때문에 그 비용을 위한 저축은 꼭 필요해요.

대부분의 사람들이 빚을 지는 이유 중의 하나는 이러한 비상사태와 맞닥뜨렸을 때 내가 가진 것이 없기 때문에 급전을 빌리게 되는데, 거기에 함정이 있어요. 비상금은 최소한 6개월 정도 살 수 있는 돈을 가지고 있는 것이 좋아요. 한 가정이 생활하는데 약 200만 원이 든다면 1,200만 원 정도를 비상금으로 저축할 수 있어야 해요. 그 돈이 쌓이면 그대로 놔두세요. 이건 위급한 비상사태를 위한 돈이기 때문이죠. 아시겠죠?

신혼부부들은 판타스틱한 결혼생활을 꿈꾸는데요. 실제로는 '광야의 삶'이에요. 그런데 이런 광야 생활을 생각하면서 사는 사람이 나중에 정작 가나안에 들어가면 아주 부유하게 잘살게 되어요. 비상금으로 저축하고, 빚도 다 갚으면 그다음부터는 가볍게 날아가는 거예요. 그럴 수 있어요.

그래서 초기가 참 힘들어요. '부'라는 것은 처음에는 거의 안 쌓이는 것처럼 보이고 굉장히 느리고 성과가 없어 보여요. 그러나 어느 순간을 넘으면 점프를 하듯이 확 올라가면서 쌓이게 되어요. 성과가 없어 보이는 기간은 참 지겹고 어렵기도 해요.

하지만 아기도 없고, 부부 둘만 살 때, 여러분에게 아직 젊음이 있을 때가 바로 소득을 높일 수 있는 시기에요. 열심히 뭔가를 찾아서 지출을 줄이고, 수입을 늘릴 수 있는 방안을 찾아야 해요. 이 시기만 지날 수 있으면 여러분은 10년 뒤에 날아다닐 수 있어요.

초기에 둘이 번다고 낭비하고, 흥청망청 쓰다가 그 시기에 비상사태가 발생하면 그때부터 고꾸라지면서 빚더미 위에서 살게 될 수도 있어요. 그때는 돌이키기 참 어렵죠. 처음부터 확고한 계획을 세워서 밀고 나가 보세요. 한 팀으로 서로 의지하고 지지해 주면서 버티고 나아가 보세요.

인생의 30-40대는 바빠서 서로 누가 어떻게 사는지 관심 가질 여유도 없고 정신도 없어요. 동창들도 만나기가 어려워요. 동창들이 여유를 가지고 만나는 것은 정작 50대가 넘어야 해요. 그때 어떤 애들은 잘 나가고 어떤 애들은 그렇지 못해요. 이게 피할 수 없는 현실이죠. 이 차이는 결혼 초창기를 어떻게 살았는지에 따라 달라지는 거예요. 그래서 정신 바짝 차리고 제대로 살아야 해요!

비상금을 저축하고 나서 빚을 갚아 나가고, 그 빚이 다 청산되면 그제야 비로소 장기 저축과 투자로 들어가는 거예요. 이제부터 진짜 다음 단계로 넘어가는 것이죠.

몇 퍼센트 저축?

저축을 몇 퍼센트 하면 좋을까요? 나중에 여러분들이 예산을 편성해 보면 알겠지만 줄여도 줄여도 줄일 수 없는 소비가 있어요. 그것을 제외하고 나머지를 저축해야 해요.

저축은 일반적으로 소득의 약 20%를 권장해요. 이때는 이자와 원금을 빨리 갚아서 떨쳐버리고 저축을 하는 것을 의미해요. 저축이 쌓여야만 비로소 투자단계로 들어갈 수 있는데, 빚을 쌓아놓고 저축을 하는 것은 말이 안 돼요. 빚을 놔두고 투자를 하는 것은 더 말이 안 되는 거예요.

유대인들은 빚이라는 것은 처음부터 아예 질 생각을 하지 않아요. 이자 내는 일은 절대 하지 않는다는 거예요. 그들이 보기에 아주 어리석은 사람들은 바로 이자 내는 사람이지요. 그들에게 이자는 받는 거예요.

이자 받는 일에는 굉장히 관심이 많지만, 이자를 내는 것은 죽어도 안 해요. 10년 지나고 나서 어떤 사람은 계속 이자만 받고 있고, 또 다른 어떤 사람은 계속 이자만 내고 있는 사람이 있어요. 엄청나게 다른 인생이 되는 거죠. 이 부분에 대해서 여러분들이 결정을 잘하시길 소원해요.

마지막으로 여러분의 가정에 장기적인 목표를 이루는 데 있어서 '부'

를 쌓으면 '부'라는 것이 그 자체로는 아무런 것을 가져다줄 수 없다는 것을 인지해야 한다는 거예요. 가장 어리석은 사람은 수천억의 재산이 있는데 그것으로 아무것도 안 하고 있는 사람이에요.

왜 하나님께서 우리에게 청지기의 역할을 감당하게 하셨을까요? 그것은 청지기를 통해 하나님의 나라와 의가 이 땅에 이뤄지도록 하시기 위함이에요. 그것이 이뤄지기 위해서 청지기에게 필요한 두 번째 덕목인 '관대함'이 중요해요.

관대함을 쉽게 말하면 관대하게 나누어 주는 거예요. 저축하고 아껴 쓰며 타이트한 생활을 하다 보면 나누려는 마음이 인색해질 수가 있어요. 그러면 타인에게 베푸는 삶을 살기가 힘들어져요. 우리는 빡빡하고 타이트한 삶 속에서도, 자신보다 어려운 사람을 도울 수 있어야 해요. 이것이 곧 하나님 나라 백성의 청지기적 선한 삶이죠.

"하나님 제 형편이 좋지 않아 이만큼이나 떼어주면 제가 오히려 저 사람보다 못할 수도 있어요"라는 생각이 들 수도 있어요. 하지만 여러분이 기꺼이 그렇게 했을 때 하나님이 그 마음을 귀하고 기쁘게 여기시고 보상해주세요.

여러분의 형편이 타이트하다고 해서 절대 인색해서는 안 돼요. 그럼에도 불구하고, 내가 내 것을 안 쓰면서까지 혹은, 내가 굶더라도 나누어 주겠다는 마음으로 주는 것을 성경은 '온유하다.'라고 해요.

이런 말씀이 있어요.

"온유한 자는 복이 있나니 그들이 땅을 기업으로 받을 것임이요"
(마태복음 5:5)

여기서 말하는 온유함은 단순히 성격이 온순하고 공손한 게 아니에요. 온유라는 것은 영어로 'meek'라는 단어로 내가 마땅히 쓸 수 있는 것이 있음에도 불구하고 자발적으로 자기의 필요를 채우는 것을 제한하고 남을 위해서 쓰는 것을 의미해요.

그런데 여러분이 줄 수 있는 것은 돈 뿐만이 아니에요. 시간도 될 수 있고, 재능도 될 수 있고, 여러분의 따뜻한 마음도 될 수 있어요. 여러분이 줄 수 있는 것은 굉장히 많아요. 이렇게 인색함을 피하고 베풀려는 마음을 갖고자 하는 것은 여러분에게 큰 도전이 될 거예요.

여러분의 가정에 돈만이 아니고 나에게 주어진 시간과 재능, 마음을 기꺼이 주겠다는 온유한 마음을 품는 것이 바로 하나님 나라와 의를 이루는 자세예요.

하나님의 나라는 늘 주는 데 있어요. 하나님의 아들 예수 그리스도가 바로 그 모범이시죠. 예수님은 우리에게 당신의 생명까지 주셨거든요.

적용하면, 정직하게 나에게 주어진 것을 가지고 나의 필요 이외에 나에게 있는 것을 스스로 자진해서 적게 쓰고요. 내가 쓸 수 있지만 다른 사람에게 기꺼이 양보하는 것이 바로 하나님께 칭찬받고, 축복받을 수 있는 비결이에요. 이것은 성경에 기록된 약속이기도 해요.

여러분들은 경제적으로 타이트한 삶을 살아야 하는 것에 훈련이 되어 있어야 해요. 타이트한 경제생활 속에서도 인색함은 없어야 하고요. 무엇인가를 많이 줘야 한다는 것은 결코 아니에요. 중요한 것은 적게 주더라도 그 주는 것에 내 진심을 담아야 해요.

단돈 1만 원을 주더라도 감사하고 기쁜 마음을 갖게 되는 것은 이런 타이트한 생활이 훈련되어 있을 때 가능한 거예요. 이런 작은 것에도 감사할 수 있는 마음을 하나님이 기뻐하시죠. 그리고 하나님께서 이러한 사람에게 축복하세요. 하나님의 축복은 상상을 초월해요. 하나님은 초자연적으로 역사하는 분이시기 때문이죠.

우리는 멀리서 숲을 보면서 여기서 저기까지 어떤 길로, 어떤 방법으로 갈까 계산을 하지만, 하나님께서는 점프하세요. 하나님의 길은 우리의 길과 달라요. 우리가 우리의 길에서, 청지기로서 나에게 주어진 정직함과 관대함을 내 삶에서, 우리 가정에서, 모든 영역에서 적용하고 산다면 하나님께서는 내가 상상하지 못하는 길을 열어주세요.

여러분의 직장, 여러분의 진로, 여러분의 소득, 여러분 가정의 자녀의 축복. 이 모든 것이 다 'unbelievable!' 믿을 수 없는 일이에요. 이방인들은 죽었다 깨어나도 경험할 수 없는 거예요.

크리스천들에게 주어진 최대의 복, 오직 하나님의 자녀만 맛볼 수 있어요. 그래서 우리는 하나님의 자녀에게 주시는 이 놀라운 축복을 우리 자신만 누리며 살면 안 되는 거지요.

여러분의 그 제한된 지식과 경험과 머리를 가지고 하나님을 예단하지 마세요. 하나님이 우리에게 살라고 하는 방식, 청지기로서 철저하게, 삶을 타이트하게 운영해가면서 정직을 지키고 관대함을 유지할 수 있다면 여러분이 상상하지 못한 축복 된 삶을 살게 된다는 것을 기억하세요.

'내가 이렇게 살게 될지 어떻게 알았겠나? 내가 이렇게 많은 복을 받을지 어떻게 알았겠나? 내가 무엇이 관대 나를 축복하시지?'라는 고백을 하게 될 거예요. 이것이 하나님의 자녀가 누리는 어마어마한 축복의 모습이에요.

우리가 잘 나서 그런 것이 아니에요. 나의 살아가는 모습을 하나님께서 귀하고 아름답게 여기시고 생각지도 못한 것을 주시는 거죠. 곧 하나님의 은혜이지요.

부부가 협력해서 결혼 초기에 이러한 결단을 나누고, 몸에 배도록 살아간다면 지금 생각하는 여러분의 인생은 생각할 수 없을 만큼 달라질 거예요.

지금 출발 선상에 있는 사람들은 다 비슷비슷해요. 하지만 10년, 20년, 30년이 지나고 나면 많은 간격이 있음을 발견하게 될 거예요. 그때는 돌이키기 어려워요. 그러니 지금 결단하고 제대로 가야 해요.

동의가 되는 것이 있으면 실행을 하세요. 뒷일은 우리의 아버지 되시는 하나님께서 여러분이 생각하지 못한 큰 계획과 아름다운 계획들을 가지고 계실 테니 걱정할 필요가 없어요. 의심하지 마세요. 그분은 완벽하고, 살아계신 분이에요. 이 세상의 모든 것을 소유한 주인이세요.

그리고 여러분의 아버지세요. 여러분을 축복하려고 대기하고 계세요. 하지만 그 축복을 받는 자는 이것을 지키는 자예요. 이것을 지킬 수 있어야 해요. 성을 지키는 것 보다 여러분의 마음을 지킬 수 있어야 하고, 초심을 지킬 수 있어야 해요. 결단해야 해요.

여러분들이 행복하길 소원해요. 여러분들이 행복해야 교회가 건강하고, 사회가 건강하고, 나라가 발전하기 때문이에요. 가정이 행복해야 해요. 이 돈 때문에 얼마나 많은 가정이 파괴되고 있는지 몰라요.

사탄은 모든 가정을 파괴하려고 돈에 대한 잘못된 생각을 심어주고 있어요. 여러분! 돈은 중요하지 않아요. 여러분이 한 팀으로 여러분의 가정에 목표를 인식하고, 청지기로 산다고 결정한다면 하나님은 하나님의 일을 하실 거예요. 여러분은 여러분의 일을 하기만 하면 되어요.

오직 하나님이 말씀하신 것에만 집중하면 되어요. 하나님께서는 여러분들보다 훨씬 좋은 계획을 가지고 계세요. 여러분에게 맡겨진 청지기 역할을 어떻게 하면 잘 할 수 있을까 고민하면서 10년만 가보세요.

그러면 여러분의 나머지 90년은 완전히 다른 인생이 될 거예요. 여러분 모두가 신실한 청지기 가문의 주인공이 되어 하나님께서 약속하신 축복을 대대로 이어가며 누리시는 복된 가정 되시길 기원해요.

V
자녀 출산과 교육의 고민

15
태교는 어떻게 해야 할까요?

자녀는 축복의 선물인데 실제로 출산은 매우 고통스러워요. 특히 여자에겐 엄청난 경험이며 임신 기간 동안 몸의 변화가 생겨요. 임신 초기에는 대부분 입덧으로 고생을 해요, 심하면 출산 전까지도 입덧을 하고 체중도 불어나요.

출산의 고통은 이루 말할 수 없어요. 아무리 어느 정도 예상했다 하더라도 갑자기 찾아온 신체의 변화들로 인해 우울함이 찾아오기도 하고 큰 두려움이 생겨요.

지현이는 임신으로 크게 고생하지 않은 편이에요. 입덧도 안 하고 임신 기간 동안 건강했어요. 병원에 간지 두 시간 만에 출산도 하고 그렇게 아이 셋을 낳았어요.

지현이처럼 건강한 임산부도 있지만 민아처럼 그렇지 못한 경우도 있어요. 민아는 결혼 후 곧 첫째 아이를 임신했어요. 아이를 주신 것이 감사했지만 입덧, 임신중독, 당뇨, 빈혈로 너무 많이 고생했어요. 생명을 잉태하고 열 달 동안 품고 있다가 아기를 낳는 시간들이 고통의 긴 터널을 지나는 시간이었어요.

이런 고통의 시간을 보내고 출산이 가까워오자 민아는 더 기도하기 시작했어요. 사실 민아는 결혼 전에 리브가의 삶을 통해 은혜를 많이 받으면서 자신도 리브가처럼 좋은 신부가 되기를 기도했었어요.

아브라함의 종을 만났을 때 낙타에게까지 물을 먹이는 씩씩함, 아버지가 그 종을 따라가겠냐고 물었을 때, 망설임 없이 따라가겠다고 한 결단력을 보면서 준비된 여인 리브가처럼 되기를 기도했었어요.

잠언 31장을 한 절 한 절 묵상하면서, 현숙한 여인이 갖춰야 할 모습을 그려봤어요. 양털과 삼을 구하여 부지런히 손으로 일하며, 밤이 새기 전에 일어나서 자기 집안사람들에게 음식을 나누어 주며 여종들에게 일을 정하여 맡기는 내용을 묵상하였어요.

그러면서 민아도 부지런하고, 건강하고, 지혜롭게 일을 정하여 맡기는 현숙한 여인이 되고 싶었어요. 그리고 그런 아내가 되도록 작정 기도를 할 때 멋진 남편을 만나게 되었어요. 그런데, 아기를 임신한 후 태교를 제대로 하지 못한 것에 대해 후회하게 되었어요.

조선 영조 때 사주당 이씨 부인이 쓴 〈태교신기〉라는 태교 지침서가 있어요. 태교신기 1장에 이런 문구가 있어요.

> 스승이 십년을 가르쳐도 엄마가 뱃속에서 열 달을 가르치는 것만 못하고 엄마가 열 달을 가르치는 것이 아버지가 부부 교합 때 하룻밤을 바르게 함 만 못하다.

태교신기는 아비가 자녀를 낳고, 어미는 자녀를 기르고, 스승이 가르친다고 하였는데요. 이 세 가지를 언급하면서 그중 엄마 뱃속에서의 열 달이 스승이 십 년을 가르치는 것보다 더 낫다고 하였어요.

태아 교육의 영향?

저와 아내는 결혼 후 약 10여 년 만에 자녀를 얻었는데요. 어렵게 임신을 했지만, 태교의 중요성은 잘 몰랐어요. 그래서 제가 영어예배 디렉터 사역을 할 때 아내는 태속에 자녀에게 영어로 설교를 해 달라고 하였지만 그렇게 하지 않았어요. 한글도 알지 못하는 아이에게 영어 설교가 무슨 유익이 있을까 해서였어요.

아이가 태어나서 2살이 되기 전까지는 말을 잘 못하니 굳이 많은 말을 해주지 않았어요. 제 자녀들이 말을 하기는 했지만 잘 하지는 않았어요. 그런데 2살이 되자 말문이 트이면서 나중엔 문장으로 말을 했어요. 가르치지도 않았는데 복잡한 문구와 단어도 말하는 것을 듣고 너무 놀랐어요.

그제야 영어로 설교해주지 않았던 것, 말을 많이 걸어주지 않았던 것에 대해서 아쉬웠어요. 태교는 정해진 시기 동안 교육하는 것이 상당히 중요한데 저는 그 중요성과 필요성을 미처 알지 못했어요.

성경적 태아관

태아는 하나님의 '씨'에요. 남자와 여자가 부부로 한 몸이 됨으로써 하나님이 언약한 씨를 얻을 수 있도록 창조하셨어요. 하나님은 하나님의 씨가 거룩하게 양육되도록 부부에게 위탁하시는 거예요. 하나님께서는 아담과 하와에게 생육하고 번성하고 땅에 충만하라고 명령하셨어요.

"하나님이 그들에게 복을 주시며 하나님이 그들에게 이르시되 생육하고 번성하여 땅에 충만하라, 땅을 정복하라, 바다의 물고기와 하늘의 새와 땅에 움직이는 모든 생물을 다스리라 하시니라"

(창세기 1장 28절)

우리는 이것을 문화명령이라고 해요. 우리는 하나님의 나라와 통치가 이루어지도록 이 땅에서 문화명령을 감당해야 해요. 이를 위해서 부모는 자녀가 하나님의 성품을 닮도록 잘 가르쳐야 해요. 중요한 것은 자녀들은 부모를 닮기 때문에 부모가 먼저 경건하고 거룩해야 해요.

심방을 갔는데, 그 집 아이가 말을 못하는 거예요. 아버지가 말을 못했기 때문이었어요. 캄보디아 여인과 결혼을 하였지만 아이를 낳고 얼마 지나지 않아 집을 떠났어요. 그래서 아버지 혼자 자녀를 키웠어요. 하지만 아이가 선천적 장애가 있는 것이 아니었어요. 그것은 아버지도 마찬가지였어요. 아버지는 홀어머니 밑에서 컸는데, 그 어머니께서 말을 못하는 분이셨어요. 그래서 그 영향으로 아버지가 말을 배우지 못하게 되었고, 아버지 역시 자녀에게 말을 가르칠 수 없었던 거예요.

이처럼 경건하지 않은 부모가 경건하게 태교를 하고, 자녀를 경건하게 키울 수는 없어요.

태아 교육의 시작 시기

하나님의 인간에 대한 교육적 관심은 태아기부터예요. 태아기에는 부모의 영향이 100% 전달될 수 있어요.

사가랴와 엘리사벳은 누가복음 1:39-44절에 보면 태교하러 산중에 갔어요.

39. 이 때에 마리아가 일어나 빨리 산골로 가서 유대 한 동네에 이르러
40. 사가랴의 집에 들어가 엘리사벳에게 문안하니
41. 엘리사벳이 마리아가 문안함을 들으매 아이가 복중에서 뛰노는지라 엘리사벳이 성령의 충만함을 받아
42. 큰 소리로 불러 이르되 여자 중에 네가 복이 있으며 네 태중의 아이도 복이 있도다
43. 내 주의 어머니가 내게 나아오니 이 어찌 된 일인가
44. 보라 네 문안하는 소리가 내 귀에 들릴 때에 아이가 내 복중에서 기쁨으로 뛰놀았도다

마리아가 엘리사벳을 보러 왔을 때 아이가 태 안에서 뛰놀았어요. 그리고 41절은 "성령의 충만함을 받아"라고 말씀해요. 엘리사벳이 태아를 임신하고 산골에 가서 있을 때 태아는 건강하였고, 마리아가 방문하였을 때 성령님의 충만을 경험하였어요.

마리아는 엘리사벳이 태교를 할 때 놀라운 경험을 하였고, 수태고지를 받았어요. 그때 마리아는 엘리사벳에게 "여자 중에 네가 복이 있으며

네 태중의 아이도 복이 있도다"라고 하였어요. 그런 마리아가 예수님을 임신하였을 때 역시 경건하게 시간을 보내고, 엘리사벳처럼 태교하였을 거예요.

우리는 임신하였을 때 어떤 태교를 하려고 노력을 해야 할까요?

태아 교육의 방법

태아 교육에는 여러 가지가 있어요.

유대의 태교 방법에는 다음과 같은 것들이 있다고 해요.

1) 미크베가 있어요. 이 방법은 자궁 청결과 보호하는 것을 말해요.
2) 목소리 태교는 성경 읽기를 하는 것이에요. 시편을 읽어 주거나 잠언을 암송해서 들려주는 거예요.
3) 쯔다카는 아침과 저녁으로 감사하고 구제에 동참하는 거예요.
4) 기도 태교는 기도하면서 건강하도록 간구하는 거예요.
5) 십계명 컬러 태교는 십계명 전문을 색깔로 구분하여 암송하며 주님의 계명을 익히는 거예요.
6) 찬양 태교는 찬양을 틀어주고 들려주는 거예요.
7) 음식 태교는 좋은 음식을 섭취하는 거예요.

음식을 구별하여 먹는 것과 태교가 무슨 상관이 있는 것인지 의아해

할 수 있어요. 구약의 이야기를 살펴보면서 알아보도록 해요. 구약 성경 사사기에 보면 마노아의 아내는 임신할 수 없었어요. 천사는 마노아에게 나타나 아기를 갖게 될 것이라고 하며 삼가서 포도주와 독주를 마시지 말라고 하였어요.

"포도나무의 소산을 먹지 말며 포도주와 독주를 마시지 말며
어떤 부정한 것도 먹지 말고 내가 그에게 명령한 것은
다 지킬 것이니라 하니라"

(사사기 13:14)

마노아와 그의 아내는 염소 새끼와 소 제물을 준비하여 여호와께 제사를 드렸어요. 마노아의 아내는 임신 기간과 태교하는 동안 포도주와 독주를 삼갔고, 드디어 삼손이 태어나게 되었어요. 마노아와 아내는 삼손을 하나님과 사람 앞에 구별하여 포도주와 독주를 마시지 않게 하며 나실인으로 키웠어요.

하나님께서 마노아 가정에 주신 태교와 유아교육 방법은 모차르트 음악 교육, 영재 태교와 교육, 명상 태교와 교육이 아니었어요. 음식을 구별하도록 하셨고, 삼손이 자랄 때는 다른 아이들과 달리 삭도를 대지 않으며 여호와 하나님만 바라보며 살도록 하였어요.

오늘날의 태교

임신 중에는 순대, 족발 등 먹고 싶은 것을 먹는 것이 태교라고 착각

하는 사람들이 있어요. 좋은 음식 먹기, 만들기, 동화 읽기, 음악 듣기, 운동, 명상, 공부 등 더 많은 태교가 있어요. 그리고 자녀가 태어나면 세상적인 교육에 몰입을 해요. 이것은 믿는 사람들도 종종 선택하는 것이에요. 그러나 하나님을 믿는 우리는 좀 더 성경적인 태교를 해야 해요.

16
산후 우울증을 어떻게 이겨낼 수 있을까요?

남자와 다르게 자주 찾아오는 여자의 우울증

 남자는 그렇게 자주 우울증을 겪지 않아요. 남자는 인생을 살면서 무엇을 일구어 냈는지 고민하며 우울증에 빠질 수 있다고 해요. 그러나 그마저 겪지 않는 남자들도 많아요.

 하지만 여자의 우울증은 남자에 비해 잦아요. 결혼을 못 해서, 결혼을 해서, 아기가 없어서, 아기를 낳아서, 아기를 기르면서, 아기 키우기도 힘든데 남편이 아기처럼 행동해서 우울하기도 해요.

수진이에게 찾아온 손님

　수진이는 청년부에서 아주 성실하고, 믿음이 좋은 리더였어요. 그래서 많은 젊은이에게 도전을 주는 신앙적으로 좋은 모델이었어요.

　결혼 적령기가 되자 수진이는 배우자를 위해 40일 작정 기도를 했어요. 작정 기도 마지막 날에 하나님께 '이 사람이 너의 배우자야'라며 직접 배우자를 데려와 달라고 기도했어요. 아담에게 하와를 데려오신 것처럼 말이에요. 그런데 그런 일은 벌어지지 않았어요.

　그 대신 하나님은 수진이의 마음속에 "너를 위해 좋은 배필을 예비해 두었단다!"라는 확신을 주셨어요. 이후 다시 50일 작정 기도를 하게 되었는데 이때 하나님은 수진이가 가정으로 인해 겪은 아픔과 상처에 대해 만지시기 시작하셨어요.

　처음에는 '배우자를 위한 기도를 하는데 왜 가정에 대한 상처를 끄집어내셔서 나를 이렇게 힘들게 하실까?'라는 의문이 들었어요. 하지만 해결되지 않았던 그 아픔 때문에 무언가 막혀있다는 걸 깨닫고 이 문제를 놓고 계속적으로 기도하게 되었어요.

　아름다운 가정을 꾸리고 싶다는 소망이 지금 나의 현실로부터 도망치고 싶은 마음 때문이라는 것을 알았어요.

　기도하면서 가정은 도피처가 아니라 천국 같은 하나님이 기뻐하시는 곳이어야 한다는 것과 하나님은 그런 가정을 예비하고 계심을 깨달았어요.

　50일 작정 기도 이후 수진이는 가정의 상처나 아픔이 더는 부끄러운 것이 아니라는 것과 하나님께서는 자신을 복음이 흘러가는 통로로서 그 가정에 부르셨음을 깨닫게 되었어요.

수진이가 남편을 처음 만난 건 2013년 수련회였어요. 수련회 이후로도 자주 만나고 개인적으로 삼삼오오 만나 깊은 나눔을 하는 기회가 있었어요. 나눔을 하면서 서로의 가정의 아픔과 상처를 알게 되었고, 그리고 남편은 좋은 모습뿐만 아니라 그 아픔까지도 보듬어 줄 수 있는 사람이라는 것을 알게 되었어요.

만난 지 3개월 후 남편 인호가 바로 청혼을 하였어요. 그러고 나서 곧 결혼 준비를 하고, 결혼하자마자 하나님께서는 두 사람에게 자녀를 허락하여 주셨어요.

인호와 수진이는 아름다운 아기를 자신들에게 허락해주신 하나님께 감사했고 정말 행복했어요. 그런데 새 생명을 얻은 감격과 기쁨의 순간은 너무 짧게 지나갔어요. 출산 후 3일째 되던 날부터 수진이는 갑자기 이유 없이 마음이 서럽고 눈물이 났어요.

산후조리원에서 일주일 넘게 지내는 동안 아이만 봐도 눈물이 흐르고 남편 인호를 보기만 해도 울기 시작했어요. 수진이에게 산후우울증이 온 것이에요.

수진이는 결혼 전 정신건강의학과 병원에서 정신건강 사회복지사로 일했던 터라 증상에 대해 너무 잘 알고 있었어요. 그러나 막상 자신에게 다가온 우울증을 알아채기는 쉽지 않았어요. 조리원에서 2주일을 보내고 퇴원하는 날까지 우울한 기분은 계속되었어요.

설상가상으로 아기가 조리원에서 로타바이러스에 감염되어 열흘 가까이 격리치료까지 받게 되자 우울증은 깊어졌어요.

그동안 남편과 가족들이 수진이를 혼자 두지 않고, 밖에 나가서 기분 전환도 시켜주고 맛있는 것도 사주며 사랑과 관심으로 위로해 주었어요. 그 사이에 아기가 퇴원하여 본격적인 육아에 들어갔는데 이상하게 수진이의 상태는 나아지지 않았어요. 막연한 미래에 대한 불안과 우울함이 지속되었어요.

수진이는 아기가 태어난 지 30일쯤 되었을 때 너무 힘들어서 교회에 가고 싶었어요. 그동안 한없이 우울하고 감정의 기복이 있었던 이유가 호르몬 변화 때문도 있지만, 말씀의 공급이 끊어졌기 때문이라는 생각이 들었기 때문이에요.

어떻게 해서든 다시 교회에 가서 말씀을 듣고 싶었지만, 엄동설한에 조리가 끝나지 않은 몸으로 외출할 수 없었어요. 혼자 성경책을 읽고 싶었지만, 아이에게 잠시도 눈을 뗄 수 없는데 개인적으로 말씀 읽기란 너무 어려운 상황이었어요.

그 대신 귀로는 말씀과 설교를 듣고 아기와 함께 찬양을 부르기도 하면서 견뎌내려 했지만 막연한 우울함은 해소되지 않았어요.

밖에서 사회생활을 하며 활동적인 삶을 살았던 수진이는 출산과 동시에 집에만 있는 가정주부로 있어야 하는 현실이 답답하기만 했어요.

결혼생활에 대해서는 막연한 환상만 있었지 구체적으로 어떤 가정을 꾸리고, 어떻게 아이를 양육해야 할지는 몰랐어요.

하나님께서 기뻐하시는 가정을 어떻게 만들어 가야 하는 건지, 아이를 하나님 중심으로 양육하려면 어떻게 해야 하는 것인지 아무것도 모른다고 생각하니 덜컥 겁이 나기 시작했던 거예요.

'내가 아이를 망치면 어떻게 하나, 하나님이 잠시 맡긴 아이인데 내가 너무 내 욕심에 아이를 양육하려고 하고 있진 않나.'라는 생각으로 자꾸 우울해졌어요.

출산 후 50일이 지나면서 다시 예배를 드리기 시작했어요. 말씀이 부어지고 사람들을 만나니까 환기가 되고 서서히 회복이 일어났어요.

또한, 영아부 예배와 교회에서 진행하고 있는 훈련프로그램에 참여하면서 아이의 양육과 가정을 세우는 것에 대해 조금씩 알게 되었어요. 그러면서 마음에 있던 불안이 서서히 사라지게 되었지요.

수진이는 이제 결혼 5년 차에요. 그러나 여전히 엄마라는 이름이 어색하다고 해요. 아이를 양육한다는 것이 귀한 일이지만 이 모든 과정의 시간들이 하나님께 드리는 예배임을 알게 해 주신 이후부터는 더 두렵고 떨린다고 해요. 요즘은 '삶의 예배'가 무엇인지 진정으로 알게 되는 시간을 보내고 있어요.

17
난임으로 인한 처참한 고통을 어떻게 이겨 낼 수 있나요?

대개 일주일에 2회 이상 피임 없이 부부관계를 가지면 임신 가능성이 20%에요. 1년을 유지하면 85%라고 볼 수 있어요. 그런데 정상적인 부부관계에도 불구하고 1년 이내 임신에 성공하지 못하면 난임이에요.

결혼을 일찍 하면 임신과 출산에 도움이 되는데요. 실제로, 35세 이상의 경우는 난소 및 정자 기능이 저하되어 있어요. 1년 안에 임신이 되지 않으면 바로 병원을 찾아 진단을 받아야 해요.

태의 문이 열리지 않아 고통 받는 여인들

야곱의 아내 라헬은 야곱에게 임신이 되지 않자 답답해하였어요. 그

때 야곱은 "아기는 하나님 주시는 것인데 내가 하나님을 대신할 수 있겠느냐."고 반문하였어요. 틀리지 않아요. 그러나 야곱의 문제는 아내의 고통을 공감하지 못하는 것이었어요.

아브라함은 사라가 임신하지 못하자 사라의 제안대로 첩 하갈을 취했어요. 여기서 문제가 되는 것은 하나님의 약속을 신뢰하지 않은 아브라함의 태도예요.

하나님께서 자신과 사라의 몸에서 자녀를 주시겠다고 약속하셨지만 계속 임신이 되지 않자 하갈에게서 이스마엘을 낳았어요. 나중에 약속의 자녀 이삭과 이스마엘은 이스라엘과 팔레스타인 족속으로 서로 앙숙이 되어 죽고 죽이는 역사로 펼쳐지게 되었어요.

한나는 자녀가 없을 때 끝까지 기도하였어요. 성숙한 이삭은 난임인 리브가를 위해 끝까지 같이 기도해 주었어요. 결국, 쌍둥이 에서와 야곱을 출산하게 되었지요.

다양한 난임의 원인

난임의 원인은 다양해요. 어느 한쪽의 문제로 치부해서는 안 돼요. 대표적인 원인으로 여성에게서는 난소기능의 저하, 배란 장애, 난관 손상, 자궁 이상 등이 있고요. 남성의 경우는 무정자증, 희소정자증 같은 정자 양의 문제부터 활동력, 모양 등 정자 질의 문제가 있어요.

난임이 여성의 문제라고만 생각하면 큰 오산이에요. 남성 요인에 의한 불임도 약 40% 이상을 차지하고 있으니. 부부가 함께 검사를 받아야 정확한 치료가 가능해요.

인공수정과 체외수정은 불경건한 시도?

난임으로 병원에서 검사 후 난임의 원인이 밝혀지면 인공수정과 체외수정을 시도하는데요.

인공수정은 남성의 정자에서 활동력이 좋은 정자만을 추출해 여성의 자궁 안에 주입하는 시술이에요. 비교적 간편하고 경도의 임신율 상승을 기대할 수 있어요.

체외수정은 흔히 시험관시술로 알려져 있는 것으로 여성 체내가 아닌 인체 밖에서 인위적으로 수정이 이루어지게 하는 시술이에요. 이 시술을 위해서는 우선 여성에게 난포성장촉진제를 사용해 여러 개의 난자를 자라게 해요.

난포의 수나 크기가 적절한 시기가 되면 바늘을 이용해 난자를 채취해 실험실에서 정자와 난자를 수정시켜요. 이렇게 배아를 만든 후 이를 여성의 자궁 내에 이식하는 거예요.

이런 시도 자체를 비성경적인 것 같다고 보는 경향이 있는데요. 의학과 과학도 하나님께서 주신 선물이에요. 우리가 사고를 당했을 때, 병에 걸렸을 때 도움을 받듯 난임일 때 의술의 도움을 받는 것이 죄가 되거나 믿음이 없는 행동은 아니에요.

어느 날 주일 점심때 오랫동안 영아부를 담당한 교역자분과 이런 이야기를 듣게 되었어요. 예전에는 인공수정이나 체외수정을 그렇게 권하지 않으셨다고 하면서 그것이 신앙적으로 합당한지 의문이었다고 하셨어요.

그런데 그렇게 인공수정과 체외수정을 해도 임신하는 확률도 낮고, 잘 안 되는 사람은 아무리 해도 안 되는 것을 보고는 임신과 출산은 전적으로 하나님의 손에 있음을 알게 되셨다고 하셨어요.

주님께서 도와주셔야 함을 알게 되셨고, 그러면서 이런 말씀을 해 주셨어요. "의술이 하나님의 섭리를 거스르는 것이 아니에요. 그런 의술 가운데도 하나님의 섭리가 있어야 임신이 가능해요." 그래서 기도하면서 의술을 통해서라도 임신과 출산을 하도록 격려하신다고 하셨어요.

하나님께서 허락하시지 않으면 어떤 의술로도 임신과 출산은 불가능해요. 생과 사는 다 하나님의 주권에 있어요.

아내의 간증

결혼하면 자녀를 갖게 되고 행복한 가정을 이루는 것을 상상하는 것은 아주 자연스러운 일이에요. 하지만 우리 인생에 이렇게 너무나 자연스럽고 누려야 할 축복이 자신을 피해 가는 것만 같을 때가 있어요.

제 아내는 결혼 전에 한 번도 임신하지 못할 거라는 생각을 못했어요. 하지만 저희 가정에는 결혼 후 1년, 2년이 지나도 아이가 생기지 않았어요. 아내의 마음은 무너졌고 아이를 갖는 것에 집착하게 되었어요.

난임의 고통은 겪어보지 않은 사람은 아마도 그 마음을 이해하기가 쉽지 않을 거예요. 특히 아내의 고통은 제가 느끼는 어려움보다 몇 배나 더 힘들었어요. 매달 임신이 안 되었다는 사실을 알았을 때 좌절감과 실망감은 너무나 컸어요. 때로는 하나님께서 기도를 듣고 계신가 하는 의심마저 들었어요. 난임 때 제 아내의 심경은 이러했어요.

자녀가 없이 살던 10여 년의 시간 동안 참 괴로웠어요. 깊은 절망과 고통의 날이 얼마나 많았고 길었는지 모르겠어요. 어느 때는 리브가와 라헬처럼 남편에게 이 문제에 대해 저만큼 생각하고 있는지 따지며 힘들게 할 때도 많았어요.

꾸준히 이 문제를 두고 기도함에도 하나님은 이 문제에서만큼은 저희에게 아무 말씀이 없으신 것 같았어요. "자녀를 주실 것이다! 또는 너희 가정에는 준비한 자녀가 없다!" 둘 중의 한 가지라도 하나님의 뜻을 말씀해 주신다면 속 시원했을 텐데요. 언젠가 이 어둠의 긴 터널이 끝날 거라 믿었지만 현실은 처참했어요. 무엇보다 하나님께서 아무 말씀이 없으셨던 것이 가장 힘겨웠어요. 사라와 같이 저의 육신이 더 이상 자녀를 가질 수 없는 나이로 한 해 한 해 지나가는 것이 두려울 수밖에 없었어요.

그렇게 결혼 만 8년쯤 되었을 때 성경통독을 하던 중 저는 놀라운 하나님의 말씀을 발견했어요. 창세기 1장에서 하나님은 아담과 하와를 지으시고 가정을 세워주신 후 28절에 그들에게 "생육하고, 번성하여, 땅에 충만하라!"는 말씀이 저에게 새롭게 다가왔어요.

하나님께서 가정을 세우셨고 이 땅의 모든 가정에 생명 주시기를 원하신다는 것이었어요. 아담과 하와의 가정만이 아니라 우리 가정에도, 더 나아가 세상 모든 가정에 자녀를 주시기를 원하시는 하나님의 간절한 뜻이 거기 있다는 것을 알게 되었어요.

이뿐만 아니라 성경 말씀 속에 등장하는 저와 같은 불임 여성들을 보게 하셨어요. 저는 아브라함과 사라만 하나님께서 기적적으로 이삭을 주셨다고만 생각했었는데요. 하지만 정말 많은 난임 여성들이 성경 안에 있음을 발견하게 되었어요. 창세기 25장 21절에 이삭과 리브가, 창세기 29장 31절에 야곱과 라헬, 사사기 13장 2절에 마노아와 그의 아내, 사무엘상 1장 2절에 엘가나와 한나, 누가복음 1장 6절에 사가랴와 엘리사벳 등 이렇게나 많은 난임 가정이 있었다는 것이 저에게 큰 위로와 소망을 갖게 했어요.

그리고 이들 가정에 공통점을 발견하게 되었어요. 이 믿음의 사람들의 자녀들은 모두 하나님의 나라와 구원의 목적을 성취하기 위해 쓰임 받은 인물들이었어요. 이 말씀들을 읽으며 저는 희망이 생겼고 우리 가정에 저보다도 더 자녀 주시기를 원하시는 하나님을 발견하게 되었어요. 하나님께서 우리 가정에 하실 일들이 기대되기 시작했어요.

너무나 오랫동안 우리 부부를 지켜봐 주시고 기다려주신 부모님들께 마음의 위로를 드리고 싶었어요. '우리가 이렇게 노력하고 있어요.' 하는 모습 또한 보여드리고 싶었어요. 나라에서 난임 가정을 위해 인공수정과 체외 수정을 지원해 주는 제도가 있는 것을 알게 되었어요. 지금은 모르겠지만 정해진 횟수만큼 거의 모든 재정을 지원해 주었어요.

우리 부부는 나라에서 지원해주는 횟수만큼만 받아보기로 결단하여 시작했어요. 하지만 단번에 성공한 것은 아니에요. 두 번의 인공수정의 실패를 겪게 되었지만 그렇다고 전혀 좌절하지 않았어요. 이때 하나님께서 주신 확신이 제게 있었어요. 이 방법이 아닌 다른 방법으로도 충분히 우리에게 자녀를 주실 하나님을 신뢰하였어요. 결국 하나님께서는 첫 체외 수정을 통해 저희 가정에 자녀를 선물로 주셨어요.

지금은 자녀들을 키우고 있지만, 저와 같이 난임으로 힘들어하시는 분을 만나면 마치 저의 모습을 다시 보는 것 같아 마음이 많이 아파요. 자꾸만 생각나 기도할 수밖에 없게 하셨어요.

이런 힘든 과정들을 왜 하나님이 많은 부부에게 허락하시는지 아직까지도 다 알 수 없지만, 각자의 삶을 통해 하나님께서 알게 하실 거예요. 아니면 하늘나라에 가서 정확히 알 수 있지 않을까 생각되어요. 그러나 분명한 것은 성경에 난임 부부들은 철저히 하나님의 구원 계획안에 있었고 주님의 도구로 사용 받았어요. 그렇다면 우리에게 주실 믿음의 자녀들도 하나님의 철저한 계획과 인도하심을 받게 된다는 거예요. 우리가 잘 알듯 하나님의 때가 가장 최선의 시간인 것을 믿고 신뢰해야 해요.

혹시라도 이 글을 읽고 희망을 갖게 되는 분이 한 분이라도 계신다면 어쩌면 그분을 위해 저에게 이런 과정을 먼저 허락하셨을 수 있지 않았을까 싶어요.

난임 부부들이 모여 있는 사이트가 있어요. 거기에서 저도 이런저런 이야기도 나누고, 좋은 정보도 받고 했는데요. 그 사이트에 난임으로 고생하는 신혼부부가 있었어요. 삶이 불행하고, 절망적이라고 하였어요. 그때 제가 10여 년 동안 겪은 이야기를 짧게 나누었어요. 그런데 수많은 사람이 위로를 받았다고 하고, 몇 년 동안 난임이라 포기하고 절망하였는데 다시 힘을 얻는다고 하였어요. 그때 먼저 그리고, 길게 난임의 세월을 보낸 것이 다른 난임 부부들에게 힘이 되고, 위로가 될 수 있음을 알게 되었어요.

난임 부부로 살아가는 것은 어려워요. 남편은 결혼 후 아이가 몇 명이냐고 하는 질문이 비수처럼 꽂히고, 힘든 상처가 되었다고 했어요. 결혼한 부부에게 응당 물어보는 질문이지만 난임 부부에게는 칼로 베는 듯한 날카로운 질문이지요.

난임 부부뿐만 아니라 결혼한 부부라면 누구나 2세를 갖도록 노력해야 하는데요. 어떤 노력을 해야 할까요?

첫째, 결혼 전 믿음의 배우자를 위한 기도를 할 때 자녀를 위한 기도 하세요. 이것은 결혼 전 미혼인 분들에게만 도전하는 것은 아니에요. 결혼 후에도 자녀를 위해 기도해야 해요. 제가 후회했던 부분이라 혹시라도 도움이 되지 않을까 하는 마음에서 나누어요.

둘째, 자녀가 생기기 전 어떤 믿음의 부모가 될 것인가를 기도하고 공부하세요. 자녀 갖기만을 기다리며 우울함에 자신을 내버려 두지 마세요.

셋째, 스스로를 자책하거나 또는 상대를 탓하지 마세요! 태의 문을 열고 닫으시는 분께서는 오직 하나님이세요.

넷째, 자녀를 간절히 우리에게 주시기 원하시는 분은 하나님이심을 믿으세요! 하나님의 때에 주시기를 기도하고 그때를 기다리세요.

다섯째, 자녀를 갖도록 적극적으로 노력하세요. 기도뿐만 아니라 노력도 해야 해요. 1년이 지나도 자녀가 생기지 않는다면 남편과 함께 불임 전문병원에서 검사받아 보세요. 의술 또한 하나님께서 주신 것임을 기억하세요. 기도하며 치료받아볼 것을 권장해 드려요.

여섯째, 하나님께서 주신 우리의 영과 육이 건강하도록 하루하루 계획을 세우세요! 자전거, 등산, 수영 등 꾸준한 운동과 바른 영양섭취로 아기를 주실 때 건강하게 받을 수 있도록 노력해야 해요.

일곱째, 자녀를 임신하기 전에는 일을 쉬고, 몸과 마음에 안식을 주세요. 과도한 일을 하고, 마음에 안정이 없으면 자녀를 임신하기는 더 어려워요.

여덟째, 다른 난임 가정들과 같이 삶과 어려움을 나누세요. 스스로를 고립시키고 고독한 싸움을 하지 마세요. 그러다가 진짜 고립되고 우울감에 사로잡힐 수 있어요.

아홉째, 기도 부탁을 하세요. 혼자서도 열심히 할 수 있지만, 주위 사람들에게 기도 부탁을 하고 함께 하나님 앞에 나아가세요.

열째, 자녀를 갖는 것에만 몰두하지 말고, 어떻게 자녀를 키우고, 어떤 부모가 될지도 고민하고, 배우세요.

제가 남편과 함께 임신한 신혼부부 집에 심방 갔다가 집을 나오기 전 현관에서 산모에게 한 말이 있어요. 남편은 그 말이 참 와 닿았다고 했는데요. 저는 자녀 갖기를 10여 년을 기도하였지만 정작 아기를 출산한 뒤 어떻게 키울지 기도하며, 좋은 엄마가 되도록 기도하며 준비하지 못한 아쉬움이 있었어요.

그래서 그 산모에게 이렇게 말을 건넸어요. "전 아이를 순산하고, 건강하고, 예쁘게 태어나도록 기도를 하였는데요. 좋은 엄마, 건강한 엄마, 예쁘고 착한 엄마가 되도록 기도하는 것을 잘하지 못했어요." 우리는 자녀를 갖는 것에 관심은 많아요. 그런데 정작 나 자신이 좋은 부모가 되기 위한 생각과 노력은 많이 하지 않는 것 같아요.

난임 부부로 살아가는 것은 고통의 연속이에요. 그러나 그런 시기 동안에 한나가 주님 앞에 나가 토설하였던 것처럼 예배하고, 기도하는 시간을 가져야 해요. 그러면서, 자녀만 주시길 기도하지 말고, 좋은 부모, 좋은 배우자, 좋은 시댁과 친정의 자녀가 되도록 간구해야 해요.

입양을 통한 자녀 잉태

자녀를 잉태하는 고통이 있지만, 때론 입양하는 것도 자녀를 낳는 한 방법이에요. 자신의 배로 낳지는 않았지만, 가슴으로 자녀를 낳아 기르는 것이지요. 입양이 쉽지는 않지만, 입양을 통해 자녀를 기르고, 주님의 마음과 긍휼로 자녀를 키워 하나님 나라의 일꾼으로 세울 수 있어요.

은림 행복 스토리

러시아 속담 중에 이런 말이 있어요

"싸움터에 나갈 때는 한 번 기도하라!
바다에 나갈 때는 두 번 기도하라!
그리고 결혼할 때는 세 번 기도하라!"

예전에는 결혼할 때는 세 번, 싸움터는 한 번 기도하라는 것이 의아하기만 했어요. 그러나 지금에 와서 돌이켜보면, 산전수전, 공중전, 화생방전까지? 치르며 살다 보니 이해가 저절로 되어요..^^

지금으로부터 12년 전 가까운 친구의 소개로 만나 결혼을 했어요! 하지만 늦깎이 신혼부부라 그런지 결혼 후 태의 문이 열리지 않았어요. 불임 검사를 해봤지만, 양쪽 모두 다 해부학적으로는 정상이었어요. 그러나 주님께 아기를 잉태하게 해달라는 기도도 잠시뿐... 한나처럼 애절한 기도가 안 나왔어요. 이상하게 자꾸 다른 기도로 넘어가게 되는 것이었어요!

결혼 3년 후 김천에 은림 교회에 부임하였을 때였어요. 어느 날 남편이 진지하게 이야기를 꺼냈어요!

"버려진 생명을 거두면 하나님께서 얼마나 기뻐하실까요?"

전에는 남편이 입양에 대해 이야기를 해도 입양에 대한 편견과 두려움이 많았어요. 그리고 나 같은 사람이 어떻게 입양을 할 수 있을까 하는 생각이 들었어요. 자신도 없었고, 또 마음이 열리지 않았어요. 그런데 영혼에 초점을 맞추니까 환경과 상황은 더 이상 문제가 되지 않아 한순간에 입양에 동의하게 되었어요.

하나님께서는 난임으로 아기를 가질 수 없는 우리 부부에게 아주 일반적이지 않은 '특별한 계획'을 가지고 계셨던 거예요!

하늘에서 내려주신 최고의 보물~♡

하나님께서는 부족하기 짝이 없는 저희 부부에게 2010년 4월에 '기쁨'이라는 보물 1호를 주셨어요. 2012년 2월에는 '드림'이라는 보물 2호를 주셨고요. 2013년 7월에 '은혜'라는 보물 3호를 하사해 주셨어요~︵♪.

웬 은혜인지요! 한량없는 은혜였어요. 갚을 길 없는 은혜, 말로 다 할 수 없는 은혜, 나를 이끄시는 하나님의 은혜였어요. 제 삶을 에워싸는 하나님의 은혜로 매일 감격했어요.

사실, 2013년 7월 16일 생후 5개월째였던 은혜를 데려가도 좋다고 대구 홀트 소장님에게 온 전화에 잠시 머뭇거렸어요. 왜냐하면, 아직 드림이도 19개월이고 매일 기승을 부리는 폭염에 미룰까도 생각했어요. 그러나 남편은 하나님께서 주신 딸인데 당장 데려오자고 하였어요. 날씨가 덥다고 아기 안 낳을 거냐고요… 하지만 결정권은 저에게 주겠다고 하셨어요.

전 기도할 수밖에 없었어요..환경과 상황을 봐서는 유보할 것이 나을 것 같아서 "주님, 어찌할까요??" 라며 기도했어요. 주님께서 말씀하셨어요! "내가 귀한 보물을 너에게 주려는데 지금 받을래? 아니면 나중에 받을래?" 그 순간 주님의 마음이 느껴지면서 환경을 탓하고 상황이 어렵다고 계산한, 믿음이 부족한 나 자신을 발견하게 되었어요.

그래요! 인류 최고의 선물인 구원도 '지금 당장' 받아야 하는 것처럼 주님이 주시는 선물을 "주님! 귀한 보물 '지금 당장' 받을게요!" 하며 고백했어요. 곧바로 홀트 소장님께 내일 아기 데리러 가겠다고 전화 드리고 곧장 마트에 가서 아기용품을 30만 원어치 구매했어요! 우리 부부는 일명 '주책 부부'예요. 단순, 무식, 과격이라는 3가지의 특징을 가지고 있지요. 그래서 주님께서 꼭 책임지셔야 하는 부부이지요.

지금도 그 날을 잊을 수 없어요! 은혜와 처음 눈이 마주치는 순간 저에게 눈웃음치며 환하게 웃어주는 그 모습에.. 전 반해버렸어요... 그러나 위탁모가 사라지자마자 불안감에 목이 쉬도록 울다가 지쳐 잠이 들었어요. 울다 지쳐 잠든 은혜를 데리고 동김천으로 진입하고 있는데 큰아버지께서 아기가 보고 싶다며 빨리 오라고 하셔서 가던 길을 큰아버지 댁으로 옮겼어요.

온 가족의 대환영을 받으며 따뜻한 사랑을 받아서인지... 우리 아기 마음이 평온을 찾고 예쁜 언니들과도 재미있게 놀며 즐거운 시간을 보내고 왔어요~♪ 잠자리가 바뀐 첫날이라 잠을 못 이루면 어쩌나 염려했는데, 은혜는 한 번도 깨지 않고, 엄마의 걱정을 쓸데없는 기우로 만들어버리며 논스톱으로 쫘악~* 꿈나라로 고고씽 했어요~~!!

정말 우리 하나님께서는 감당할 힘과 여건을 만들어 주세요. 얼마나 감사한지 몰라요! 전 새벽이 가까운 시각까지 까만 밤을 하얗게 지새웠어요~* 그리고 무엇보다도 우리에게 세 아이를 가슴으로 낳게 하시고 부모가 되게 하신 것이 감격스럽고 감사했어요!

저희에게 '부모'라는 위대한 칭호를 부여해 주신 하나님께 감사를 드렸어요! 기쁨♡드림♡은혜라는 세 가지 보물로 인하여 우리의 삶은 이전보다 더욱 풍성하고 행복해요!

♡귀여운 울 삼 남매~♡

아침에 잠에서 먼저 깬 기쁨이가 쌔근쌔근 자고 있는 은혜 곁에 와서 볼에 뽀뽀를 "쪽~!" 하니까 은혜가 잠에서 깼어요. 드림이도 주변 소리에 잠이 깨어 은혜에게 아침 인사 한다고 다가가서는 형이 하는 걸 보고는 은혜에게 연신 뽀뽀 세례를 퍼부었지요~*

그런데 사랑의 표현을 한다는 것이 그만 드림이의 육중한 몸으로 은혜를 짓눌러 버려 압사 상태가 된 은혜가 울음을 터뜨렸어요. 그러자 큰 오빠인 기쁨이가 은혜를 달래준다고 이마에 사랑의 키스를 해 주었어요. 역시 맏이답게 동생을 예뻐해 주고 잘 돌봐주었어요~*

반면에 은혜와 크게 차이가 나지 않은 드림이는 사랑 표현이 서툴렀어요. 심하지는 않았지만 샘도 내고 은혜 젖병을 빼앗아 자기 입에 물곤 했어요. 그래도 개구쟁이 오빠들이 있어서 은혜는 더없이 즐겁고 행복한 것 같았어요~♬ 귀엽고 복스러운 울 삼 남매였어요~* 사랑하고 축복할 수밖에 없어요~~♡♡♡

괜찮아 엄마! VS 안 돼 엄마!

책을 한 권 읽었어요. 그 책 안에는 "괜찮아"라고 말하는 엄마와. 언제나 "안돼"라고 말하는 엄마가 등장해요. 전 스스로 자문했어요. 나는 '괜찮아 엄마' 일까? 아니면, '안돼 엄마' 일까? 그런데, 깊이 생각해 볼 틈도 없이 언제나 아이들에게 "안 돼"라고 말하는 엄마였어요!

울 삼 남매는 하얀 벽을 보면 21C의 피카소가 되려는지 크레파스나 색연필로 형이상학적인 벽화를 그렸어요. 종이를 가져다줘도 잠시뿐…집 안이 지저분해진다고 아이들이 쥐고 있던 크레파스를 확 빼앗았어요…하지만 그때 저는 크레파스가 아니라 아이의 꿈을 빼앗았는지도 모를 일이었어요. 또한, 아직까지 잠투정이 남아있는 은혜가 어렵사리 잠이 들었는데 제가 숨 돌릴 시간에 기쁨이와 드림이가 왁자지껄 신나게 놀기라도 하면 어떨지 걱정했어요.

그럴 때면 전 주저 없이 "아기 깬다! 조용히 해!"하며 오빠들의 신바람에 찬물을 '홱~' 뿌리곤 했어요. 그런가하면, 비 개인 후 꿈틀거리는 지렁이와 달팽이, 개구리를 손으로 만지작거리며 노는 자연 친화적인 아이들을 보면, 나도 모르게 큰소리로 외쳤어요.

"아휴 징그러워~ 안돼, 만지지 마!" "어서 손 씻어! 옷이 그게 뭐니?"

아이들의 천연 감수성의 싹을 여지없이 싹둑! 잘랐어요. "안 된다"는 말 대신, "하면 되겠구나!"로 바꾸어 말할 수 있도록 피나는 노력을 해야 했어요. 또한, 아이들이 원치 않게 실수를 했을 때도, "엄마는 항상 너를 믿어!", "다음부터는 조심하면 되니까 괜찮아!", "괜찮아… 괜찮아… 괜찮아…"라고 말했어요.

아이의 마음에 안정감을 주고 자신감이 생기도록 해주는 말을 하려고 하였어요!

"사랑하는 기쁨*드림*은혜*야! 너희는 언제나 엄마에게 소중하고 특별하단다!..♡♡♡"

아이들과 함께 책을 읽으며 깊이 공감하며 부족한 나를 깨우쳐준 고마운 책 〈괜찮아 엄마, 안 돼 엄마〉 이었어요. 아이들을 위한 사회성 동화지만 어쩌면 엄마들이 구독해야 할 지침서인 듯하네요! (일독을 권해요).

드림이가 제게 물었어요! "엄마, '괜찮아 엄마' 할 거야? '안 돼 엄마' 할 거야??" "당연히 '괜찮아 엄마' 해야지!" 말해 주었어요. 기쁨이와 드림이, 은혜는 예측불허의 사고뭉치지만, 세상 어느 것과도 바꿀 수 없는 소중한 보물이에요!

"또 아비들아
너희 자녀를 노엽게 하지 말고
오직 주의 교훈과 훈계로 양육하라"
(에베소서 6장 4절)

자기가 낳은 자녀를 양육하며 키우는 것도 좋지만 가슴으로 자녀를 낳고 기르는 것도 하나님이 주신 축복임에는 틀림없어요.

18
출산과 육아 전쟁을 어떻게 견디어 낼 수 있을까요?

1차 세계대전과 2차 세계대전을 겪으면서 전 세계는 다음에 올 세계대전은 최선을 다해 막으려고 노력하지요. 그런데 전 세계가 두려워하는 이 무서운 3차 세계 대전을 결혼 후 경험하기도 해요.

서로 다른 두 사람이 만나 살면서 치르는 전쟁도 전쟁이지만 아기를 출산한 후에 겪는 처참한 육아 전쟁은 예상치 못한 대전을 경험하게 해요.

'육아 대란'이라고도 하는 이 전쟁은 첫아기를 겨우 키웠구나 싶을 때 동생이 태어나 또 다른 출산으로 이어지며 끝없는 전쟁으로 치닫게 되어요.

아내가 쌍둥이를 임신하고 있을 때 힘들어하는 것을 보고 어르신들이 그래도 배 속에 있을 때가 편하다고 하는 말씀을 들을 때는 전혀 그 뜻을 알지 못했어요. 쌍둥이가 태어나고 정신없이 힘들어진 후에야 비로소 알게 되었지요.

돌이 지나자 어르신들이 이렇게 말 못 할 때가 좋다고 하셨어요. 저는 말이 통하면 더 좋을 것 같은데 왜 그런 말씀을 하실까 이해가 안 되었지요. 그런데 아이가 말하기 시작하면서 부모의 말을 듣지 않는 아이와 씨름을 하게 되자 힘들다는 게 이거였구나 싶었어요.

병원에서 쌍둥이가 태어나고, 너무 작아서 인큐베이터 실에 들어갔어요. 첫째는 그나마 2.5kg이었는데, 둘째는 1.9kg이었어요. 그런데 목욕을 하고 나니 1.7kg이 되더라고요. 첫째는 그나마 몸무게가 나가서 아내 품에 빨리 안겼지만, 둘째는 2주 정도를 인큐베이터 실에 있었어요. 너무나 안쓰러운 것이 인큐베이터 실에 있을 때 황달이 걸려서 눈앞을 가리고 있었어요. 면회 시간에 가서 보았을 때 아내는 안타까워하며 눈물을 흘렸어요.

아내와 첫째가 산후조리원에서 나올 때 둘째 주예도 병원에서 집으로 데리고 왔어요. 두 명을 침대에 뉘일 때 동시에 울기 시작하였는데요. 앞이 깜깜해지는 것이 마치 우리 집이 아기를 키우는 공장이 된 것 같았어요. 한 명을 먹이고, 다른 아이를 먹이고, 한 명을 씻기고, 다른 한 명을 씻기고, 옷을 입히고, 분유를 주고, 어르고 달래느라 정신이 없었어요.

아내는 밤에 2시간에 한 번씩 깨어 분유를 주고, 기저귀를 갈아주고, 왜 우는지 모르는 아이를 안아도 주고, 돌봐 주었어요. 저도 아내 옆에서 부지런히 도우려고 했지만 서투르다 보니 큰 도움이 안 되었어요. 그래도 아내가 하라는 것은 다 하며 씻기고, 분유 주고, 기저귀도 갈고, 놀아주면서 최선을 다하려고 했어요. 하지만 아내가 감당해야 할 일을 덜어 주기에는 역부족이었던 것 같아요.

아이들이 태어나기 전에는 제가 집에서 10년간 왕 노릇 하였는데요. 자녀들이 태어난 뒤에는 집에서 별 쓸모가 없는 사람으로 종처럼 낮은 신분이 되었어요.

출산과 육아로 신부는 아내에서 엄마가 되면서 그 뒤로, 갖은 고통과 역경의 시간을 보내게 되어요. 아이의 존재가 기쁨을 주는 건 사실이지만 아이를 키우는 일이 항상 즐겁고, 좋은 것만은 아니에요.

육적 산후관리보다 더 중요한 영적 산후관리

엄마가 되는 과정은 고통스러워요. 그래서 출산 후 아내는 산후관리에 신경 써서 잘해야 하고 그래야 산후풍도 없지요. 그리고 무엇보다 영적으로 그리고 심적으로 무너지지 않아야 해요. 단순한 육적 산후관리뿐만 아니라 영적인 산후관리가 더 중요해요.

잠언 4장 23절은 이렇게 말해요.

"모든 지킬 만한 것 중에 더욱 네 마음을 지키라
생명의 근원이 이에서 남이니라"
(잠언 4:23)

마음이 무너지면 육적으로 그리고 정신적으로 다 무너져요. 그래서 영적인 사후관리는 정말 중요해요.

영미는 주말부부였어요. 그리 늦지 않은 결혼 2년 만에 하나님께서 허락하신 귀한 생명을 선물로 받았어요. 시댁에서 기다리던 자녀이지요. 영미 부부는 기뻐하며 주님이 하늘에서 주신 축복인 아이와 함께하는 것이 행복했어요.

아이를 안고 있으면 행복이 무엇인지 느낄 수 있었어요. 하지만 동시에 영미는 호르몬의 변화를 겪게 되었고 출산으로 인해 변해버린 몸과 마음, 영적인 것, 모든 것에 적응해 나가야 했어요.
아이가 태어난 후 여러 가지 사정으로 친정에서 두 달 동안 몸조리를 해야 했어요. 몸이 재빠르고 세심한 친정어머니를 통해 두 달 동안 공주처럼 돌봄을 받았어요.
어머니는 몸에 좋다는 것은 다 찾아서 요리해 주시며 출산 후 뭉친 가슴도 마사지를 손수 해주셨어요. 남편은 주중 회사 갈 때와 주말 때 친정에 들렀어요.
여자의 몸은 출산하면서 온몸의 모든 뼈가 다 벌어지게 되어요. 또한, 아이를 낳을 때 골반이 벌어지기 위해서 호르몬이 분비되는데요. 그것이 골반뿐만 아니라 모든 뼈에 영향을 주고, 그 뼈들이 제자리를 찾는 데 보통 100일이 걸려요. 완전히 이전 몸으로 돌아오는 데는 대략 1년 이상이 걸리기도 해요.
그래서 영미도 산후에 몸을 보호하려고 노력했어요. 온몸을 팔목보호대, 발목보호대, 내복으로 싸매고 몸조리를 했어요. 그런데 시간이 지나면서 몸을 보호하고 조리를 해야 하는 것처럼 영적으로도 보호하고 싸매는 영적 산후조리가 필요하고, 그 일이 매우 중요하다는 것을 깨닫게 되었어요.
산후 몸조리를 하는 동안은 공 예배에는 참석할 수 없어서 시간에 맞춰

영상으로 예배를 드렸어요. 4주 차 정도가 되자 영적인 갈급함이 커져 친정 근처 작은 교회에서 예배를 드렸어요.

아기는 깜깜한 배 속에 있다가 세상에 나오면 달라진 환경에 적응할 시간이 필요해요. 그래서 불안하고 무서울 수도 있어요. 아기들은 울음을 통해 자신을 안아달라고 돌봐달라고 표현해요. 그래서 영미는 수시로 따뜻하게 안아주고 안정감을 주려고, 모유 수유만을 고집했어요. 그렇게 영미는 50일 동안 거의 매일 쪽잠을 잤어요. 하지만 모유 수유를 포기할 수 없었어요.

두 달 후 영미는 집으로 돌아와 혼자 육아를 시작하였어요. 두 달 동안 아이를 다루는 것에 익숙해져 있었기 때문인지, 육아가 그리 힘들지 않았어요. 하지만 남편과 시부모님은 달랐어요.

영미가 친정에서 산후조리를 하던 두 달간 집은 거의 빈집 상태였어요. 남편은 회사에서 돌아오자마자 피곤하여 청소도 제대로 못 하고 친정집으로 영미를 보러 오곤 하여서 집이 엉망이었어요. 그런 상태로 크리스마스와 연말 시즌을 맞게 되어서 너무 바쁜 나머지 집으로 데려다주고 다시 교회로 갔어요.

집은 청소를 해야 살 수 있을 것 같았어요. 그래서 아기가 잘 때마다 집을 치우기 시작했어요. 시간이 부족하면 어머님께 아이를 맡기고 청소를 했는데, 아이를 보는 것이 익숙하시지 않은 어머님은 청소하는 영미에게 기저귀를 갈아달라고 할 때도 있었어요.

친정엄마처럼 아이를 맡길 수 있는 상황이 아니었던 거예요. 하지만 틈을 내어서 청소를 했어요. 남편의 도움 없이 혼자서 주말 3일(금, 토, 일)을 꼬박 일을 했지요.

이때부터 영미의 마음에 균열이 생기기 시작했어요. 삐뚤어진 마음의 틈으로 순식간에 온갖 부정적 생각들이 영미의 마음을 묶었어요. 아직 회복되지도 않은 몸을 이끌고 청소를 하고 짐을 옮기는 것이 서러웠어요. 혼자 아이를 기르는 것에 대해 불만이 생기면서 남편이 원망스럽고 미워지기 시작했어요. 이런 생각이 들자 마음이 땅으로 꺼지는 것 같은 기분이 들었어요. 영미는 자신의 마음에 사단이 틈탈 수 있는 큰길을 다 열어두고 자포자기한 상태가 되었어요.

특히나 예배를 통해서 회복하고 싶지만 모든 공 예배는 전쟁 같은 시간이 되었어요. 남편의 도움 없이 혼자 예배를 드려야 하고 수시로 아이를 돌봐야 하기에 말씀에 진득하게 집중하고 묵상할 수가 없었던 거예요. 예배 시간마저 마음은 편치 않고 힘들었어요. 부정적인 마음들이 가득해지자 교회에 다녀온 날은 더 지치기도 했어요.

아이를 돌보는 동안은 시간이 바쁘게 지나가 버려 괜찮은 것 같았지만, 영적, 육적, 정신적으로 점점 지쳐가고 있었어요. 산후우울증이 뒤늦게 시작이 된 것이에요. 보통 우울증의 양상은 두 가지로 나타나는데, 하나는 말 그대로 우울한 증상(울거나, 말이 없어지거나)이 있고 다른 하나는 분노와 짜증으로 나타나는 것인데요. 영미는 후자의 증상으로 나타났어요.

가끔씩 새벽에 아이가 깨서 계속 우는 경우가 있는데 그럴 때 아이를 안아주고 안정시켜야 한다고 건 알고 있었어요. 아이에게 짜증을 내거나 남편에게 화를 내는 것은 교육적으로도 안 좋고, 남편에게도 상처가 된다는 걸 아주 잘 알고 있었어요. 하지만 참아지지 않았어요.

새벽에 아이가 울며 잠이 깨면 남편에게 화를 내게 되었어요. 그럴 때마다 남편은 무엇을 도와줘야 할지 물었고 영미는 그것조차 모르는 남편이 미워서 더 짜증을 냈어요. 알아서 해결해주지 않을 때면 짜증부터 내고 말도 하지 않으려고 했어요.

행여나 남편이 실수로 힘들게 재워놓은 아이를 깨우거나 잘못하면 대역 죄인을 대하듯 하고 그런 남편을 볼 때마다 분노가 올라왔어요. 남편이 무책임하게 느껴졌어요. 영미는 남편에게 모든 우울한 감정들을 쏟아냈어요. 그런 불평 속에 웃음은 사라졌고 남편이 미워지기 시작하니 시부모님께도 불평이 생겼어요.

남편은 회사에 다니면서 아이를 함께 돌보지 못하게 되니 항상 아내인 영미에게 미안한 마음과 죄책감을 갖게 되었어요. 나중에는 영미의 짜증에 눈치를 보기 시작했어요. 영미도 처음에는 '내가 왜 이러지? 돌이키자!' 생각했지만, 시간이 지난다고 해결되지도 않고, 더욱 쉽지 않은 상황이 되었지요. 이런 상태가 죄인 것을 알면서도 화를 내고, 미워하고 분 내는 것에 익숙해져만 갔어요. 이런 영미를 남편은 아무 말 없이 지켜봐 주었어요.

어느 날 밤, 남편이 진지하게 물었어요. 그때도 영미는 말만 걸어도 짜증을 냈어요. 그 순간이었어요. 번쩍하고 정신이 들었어요. '나는 심한 영적인 병에 걸려있구나!'

그때서야 비로소 깨우치며 영미는 울면서 남편에게 얘기했어요. '당신은 왜 나를 이런 외로움에 혼자 내버려 두느냐, 왜 내가 몸도 아직 회복 안 됐는데 청소를 시키느냐, 내가 얼마나 외롭고 혼자 힘든지 아느냐.'라며 불평과 부정적인 말을 내뱉으며 펑펑 울었어요.

그랬더니, 남편이 영미 앞에서 무릎을 꿇었어요. "나도 처음이라 어떻게 해야 하는지 잘 몰랐어요…. 용서해줘요." 그 순간 영미는 엎드려서 하나님께 기도드렸어요. '하나님 살려주세요, 저 살려주세요. 하나님은 가정이 천국이라 하셨는데, 저는 지금 뭐 하는 건가요… 하나님 저희 가정을

살려주세요.'

그 일이 있은 후, 영미는 가장 먼저 하나님과의 관계회복을 위해서 예배를 사수하기 시작했어요. 예배 가기 전에는 항상 간절히 기도했어요. '하나님 오늘 예배시간에 아이가 잘 자서 말씀에 집중할 수 있게 해 주세요. 하나님 오늘 예배시간에 이 사랑스러운 아이에게도 말씀과 찬양을 사모하는 마음을 주셔서 함께 예배드릴 수 있도록 해주세요.'

그러나 상황은 이전과 달라지지 않았어요. 칭얼대는 아이를 업고 2-3시간씩 서 있기도 하고 때론 밖으로 나가 우는 아이를 달래느라 말씀 듣는 것은 아예 꿈도 꾸지 못하는 경우도 허다했어요.

그러던 어느 날 하나님께서 영미에게 말씀하셨어요. '사랑하는 딸아, 많이 힘들지? 사랑한다. 내 딸아. 영미야! 이 시간 믿음으로 드려봐. 네가 드리는 이 시간 내가 기억할 거야' 영미는 예전에도 자신을 향한 하나님의 사랑의 음성을 듣고 모든 것이 녹아지는 것을 경험했었어요.

예배를 통해 하나님의 음성이 다시 들리기 시작했어요. 그렇게 하나님의 사랑이 느껴지기 시작하면서 마음속에 묶여있던 원망과 미움의 고리가 풀리기 시작했어요.

하나님의 사랑으로 출애굽 시켰지만, 광야에서 불평불만이 가득했던 이스라엘 백성들. 결국, 가나안땅을 눈앞에 두고 들어가지 못했던 백성들. 그러나 여호수아를 통해 다시 하나님의 언약을 기억나게 하시고 가나안 땅으로 이끄셨던 하나님을 묵상하게 하셨어요.

그러면서 육아의 힘겨움 속에서 불평과 불만 대신 무엇을 선택해야 하는지, 그 시간을 어떻게 보내야 하는지를 깨닫게 하셨어요. 그리고 하나님께서 허락하신 남편에 대한 사랑과 확신을 새롭게 기억나게 해주셨어요. 그러나 예배를 사수하고 기도를 하면서 영적인 질병이 회복되기까지 많은 시간이 필요했어요. 그리고 하나님의 관계가 회복되면서 내가 원망하고 미워하는 남편을 용서하기까지 시간이 필요했어요.

하나님께서는 영미를 인격적으로 이끌어주셨으며 좋은 공동체의 사랑방을 통해 영미의 상황과 마음을 나누게 하시고 중보를 받게 하셨어요. 또한, 천천히 회복시켜주시고 영적인 질병에서 자유롭게 해주셨어요. 그리고 그날 밤 남편에게 이야기했어요. "여보, 그동안 기다려주고 참아줘서 고마워요…"

육적인 산후관리도 중요하지만, 그에 못지않게 아주 중요한 것은 주님 안에서 하는 영적인 산후관리가 더 필요하다는 사실이에요. 출산과 육아의 과정이 유독 힘들게 느껴지는 이유는 생명을 키우고 다루는 일이기 때문일 거예요. 생명이 자라가는 것은 엄마 혼자 혹은 부모의 노력만으로 자라는 것이 아니에요.

생명은 유기체로 서로 연결되어 있기 때문에 우린 다른 사람의 도움 없이 스스로 자라날 수 없어요. 아이가 자라는 것도 마찬가지예요. 이런 차원에서 영적인 산후관리는 다루어져야 해요. 또한, 주변 사람 모두가 생명의 성장에 참여하는 마음으로 기도하고 도와주어야 해요.

19
자녀 양육 언제부터 어떻게 해야 하나요?

자녀 교육은 몇 세에 시작?

출산 전부터 태교를 해야 함과 동시에 출산 후 태아 교육을 해야 하는데요. 2살 전에 많은 경험과 언어를 가르치면 좋아요. 아이의 뇌 구조와 성격과 기질은 일반적으로 2살 이전에 다 형성되기 때문이에요.

세균이 있고, 더러워서 모래나 흙 등을 만지지 못하게 하는 것은 바람직하지 않아요. 아이 스스로 만져보고 오감을 자극하는 경험이 뇌 발달에 많은 도움을 주어요. 그리고 다른 무엇보다도 어린 시절 아이는 부모의 사랑을 받으며 자라도록 해야 해요.

에이미 워너 교수는 하와이 카우아이 섬을 40년 동안 조사하였는데요. 그 섬에는 유독 사회적 부적응자들인 범죄자와 알콜 중독자들이 많앉어요.

특히, 1995년 전체 조사를 하였을 때 상당수 청소년이 소년원에 있었고, 학교를 다니지 않는 비행 청소년이었어요. 그런데, 그 섬에 공부를 잘하고 성실하게 잘 자라난 72명이 있었어요. 에이미 워너 교수는 왜 이 72명은 다른 청소년들처럼 망가지지 않았는지 조사를 하였어요.

연구 뒤 알게 된 사실은 이 72명의 청소년들의 공통점은 유아 시절 때 사랑을 충분히 받은 경험이 있었다는 거예요. 부모님으로부터 혹은 부모님이 없이 자란 아이들은 할아버지와 할머니로부터 애틋한 사랑을 받으며 자랐어요. 유아 시절에 충분히 사랑을 받은 청소년들은 어려운 환경에도 불구하고 건강하게 자란다는 것을 밝힌 것이에요.

언어가 아니라 삶으로 가르치기

부모는 아이의 평생 멘토예요. 부모는 자신이 배운 대로 자녀를 가르치게 되어 있어요. 그래서 부모도 많이 배워야 해요. 하지만 아이를 가르치는 일은 말로 하는 게 아니에요.

미국의 심리학자 앨버트 메러비언은 말할 때 언어는 8%밖에 차지하지 않는다고 하였어요. 대화할 때 74.5%가 표정으로 의사를 전달하고, 나머지는 바디 랭귀지로 구성된다고 하였어요.

대화를 할 때 음성과 단순 언어보다 표정과 바디 랭귀지로 소통이 되며 가르친다는 것이지요. 말의 전달은 단순한 말로 전달되는 것이 아니라 전신으로 전달되는 거예요. 그래서 부모의 표정과 손, 그리고 몸의 자세와 표현에 신경 써야 해요.

다른 말로 하면 결국 삶으로 자녀를 가르쳐야 한다는 것이에요. 일상의 삶에서 현명한 대화와 생활습관이 결국 자녀를 잘 교육시키는 거예요. 그러나 일상생활 대화법과 생활습관에 유의해야 해요. 현명한 대화법은 자녀에게 일방적으로 이야기하는 것이 아니라 들어 주는 거예요.

그리고 부모의 생각을 이야기 해 주어야 해요. 일방적으로 지시하는 것이 아니라 소통하며 자녀를 업그레이드시켜 주어야 해요. 눈을 맞추고, 따뜻한 얼굴 표정으로 자녀와 함께 해 주어야 해요.

자녀는 부모의 바디 랭귀지를 통해서 실제로 배워요. 자녀가 책 읽는 자녀가 되게 하고 싶다면 부모가 책을 읽으며 몸소 보여주면 돼요. 자녀가 운동을 잘하도록 하려면 같이 운동하고, 부모가 운동하는 모습을 보여주면 돼요. 자녀가 말씀을 배우기를 원하면 집에서 말씀을 같이 읽고, 암송하도록 하면 돼요.

신명기 6장 7절에서 하나님은 실제로 이스라엘 백성들에게 이렇게 일상의 삶에서 말씀을 가르치도록 명령하였어요.

"네 자손에게 그것들을 열심히 가르칠지니, 네가 네 집에 앉아 있을 때나 네가 길을 걸을 때나, 네가 누워 있을 때나 네가 일어났을 때나 그 말씀들에 관해 말할지니라."

(신명기 6:7)

이렇게 생활습관을 만들어 주어야 아이를 가르칠 수 있어요. 러시아 비보스키(vyvotsky)는 "아이는 일상에서 배운다!"고 하였어요.

부모가 일상에서 배울 수 있는 틀을 만들어 주면, 그 틀을 통해 성장하고, 성숙하는 거예요. 영국의 아동 심리학자 테일러는 많은 아동들의 성장배경을 근거로 조사한 내용에서 그는 결론을 이렇게 내렸어요.

"아이들의 성장에 영향을 미치는 것 중에 92%가 가정의 영향에 의해서이고 나머지 8%는 교회나 학교, 친구 등 다른 것에 의하여 영향을 받는다." 이렇게 자녀의 학습은 부모와 함께 하는 삶을 통해 가지게 되어요.

특히, 엄마의 역할이 중요해요. 엄마는 아이와 더 밀접하게 함께 있고, 그런고로 더 자녀에게 영향을 줄 수 있어요.

디모데의 경우 어머니에게 신앙적으로 많은 가르침을 받았어요.

"나는 네 안에 있는 가식 없는 믿음을 생각하노니,
이는 먼저 네 할머니 로이스와 네 어머니 유니게 안에 있었고
네 안에도 있음을 확신하노라"

(디모데후서 1: 5)

자녀의 기질과 성격은 언제 결정

2세가 되기 전에 자녀의 성격과 기질은 거의 결정되어요. 저는 쌍둥이 자녀를 키우고 있는데요. 2살쯤 되니까 쌍둥이인데도 두 아이가 완전히 다르다는 걸 알았어요. 두 아이의 성격과 기질이 서로 다르게 형성되어 있었어요. 2살 이후에는 성격과 기질이 쉽게 변하지 않기 때문에 자녀의 성격과 기질이 형성되면 이제는 개선해 주고, 보완해 주도록 해야 해요. 그것을 뜯어고치거나 아예 반대로 바꾸려고 하면 힘들어요.

인간의 지능은 90% 이상이 4살 이전에 완성된다고 해요. 그중에서도 성장 속도가 가장 빠른 생후 6개월까지가 제일 중요한 시기라고 해요. 미국 하버드 대학의 화이트 박사는 어머니의 행실이 세 살까지의 어린 아이 정신 발달을 결정하는 것이며, 이 시기는 일생 동안 살아갈 토대를 쌓는 시기라 말해요.

그럼 성경은 언제부터 아이들을 양육해야 한다고 말하고 있나요?

"또 어릴 때부터 네가 성경을 알았으니…"
(디모데후서 3:15)

성경은 디모데가 어릴 때부터 성경을 배운 것으로 기록하고 있어요. 그러니 우리는 아주 어릴 때부터 말씀을 가르쳐야 해요. 잠언 22장 6절에는 이렇게 말씀하며 도전하고 있어요.

"아이를 그가 마땅히 가야 할 길로 훈육하라.
그리하면 그가 늙어도 그 길을 떠나지 아니하리라"
(잠언 22:6)

우리나라 속담에 세 살 버릇이 여든까지 간다는 말이 있는데요. 이런 격언과 일맥상통하는 것 같아요. 물론, 나이가 들어서도 가르치고 배울 수 있지요. 하지만 어릴 때부터 가르치는 것이 성경적이고 이렇게 할 때 교육의 효율성이 가장 높은 것 같아요.

무엇으로 교육 기준을 삼아야?

부모가 자녀를 교육할 때 명확한 기준이 있어야 해요. 부모의 기분에 따라 혼내고, 분노를 쏟아내면 좋지 않아요. 저희 집은 아이가 거짓말을 하거나, 서로 때리거나, 나쁜 말을 하면 혼을 내요. 그렇다고, 매를 들거나 하지는 않아요.

2살 정도 되었을 때 한 번씩 아주 호되게 매를 든 적은 있지만, 그 후로는 매를 거의 들지 않고 생각하는 자리에 가서 서 있게 하거나 벌을 주곤 하는데요. 일단 매를 들기 시작하면 그다음에는 더 매를 세게, 더 많이 때려야 해요. 부모의 감정이 들어갈 수도 있고, 폭력을 답습할 수도 있어서 매를 들지 않아요.

자녀를 가르칠 때 무엇이 잘못인지 왜 혼나야 하는지에 관한 기준이 있어야 해요. 그래서 훈육할 때 성경 말씀이 중심이 되어야 해요. 주의 훈계에 따라 책망하고 성경적 교육과 훈육을 해야 헷갈리지 않아요. 지속적인 가르침에는 명확한 기준점을 갖는 게 중요해요.

하나님께서는 그의 백성에게 이렇게 말씀하셨어요.

"이제 이스라엘아! 주 너의 하나님께서 네게 무엇을 요구하시느냐?
오직 주 너의 하나님을 두려워하고, 그 분의 모든 길로 행하고,
그 분을 사랑하며, 네 모든 마음과 네 모든 혼으로
주 너의 하나님을 섬기며, 내가 오늘 네 번영을 위하여
네게 명령하는 주의 계명들과 그 분의 규례들을 지키는 것이 아니냐?"
(신명기 10:12-13)

전도서 12장 13절은 왜 계명을 지키고, 사람의 의무가 무엇인지 말씀하고 있어요.

> "전체 일의 결론을 들을지니, 하나님을 두려워하고 그의 계명들을
> 지키라. 이것이 사람의 모든 의무니"
> (전도서 12:13)

전도서는 두려워함으로 계명을 지키라고 말씀하고 있어요. 동시에 성경은 사랑함으로 계명을 지킬 수도 있음을 알려주고 있어요. 주의 교훈을 바탕으로 훈육과 징계를 해야 해요. 자녀들을 훈육할 때 먼저 성경으로 가르치고 교육해야 해요.

말씀으로 제시했지만 듣지 않으면 그다음에 징계해야 하는 거예요. 이게 성경적인 하나님의 자녀 양육법이에요.

> "아이의 마음속에는 어리석음이 매여 있으나,
> 징계하는 막대기가 그에게서 이를 멀리 쫓아내리라."
> (잠언 22:15)

자녀에게 징계를 하지 않는 것은 바른 것이 아니에요. 폭력을 가해서는 안 되지만 훈육을 하고, 징계를 하는 것은 반드시 필요해요.

> "매를 들지 않는 자는 자기 자식을 미워하는 것이나,
> 자식을 사랑하는 자는 알맞은 때에 징계하느니라"
> (잠언 13:24)

그리고 징계와 훈육은 무엇이 잘못되었는지 알고 말할 수 있는 나이가 되었을 때 시작해야 해요. 말도 제대로 알아듣지 못하는 갓난아기 때부터 때리고 벌을 주는 것은 옳지 않아요.

매를 들 때 그럼 어느 정도 때려야 할까요?

"상처 나게 때리는 것이 악을 지워 버리나니…"
(잠언 20:30)

성경은 때리는 척 하라고 하지 않아요. 가볍게 때리라고도 하지 않아요. 상처 날 정도로 때리라고 해요. 이 말씀은 거친 폭력을 용인하는 말씀이 아니라 악에 대해 후회하고 반성할 정도로 때리라는 말씀이에요.

또한 성경은 부모들이 자녀를 어떻게 해서든지 "성나게 하지 말라"고 하고 있어요.

"너희 아비들아 너희 자녀들을 성나게 하지 말고…"
(에베소서 6:4)

그러므로 부모들은 자신들의 모순된 행동으로 자녀를 징계하고 훈육해서는 안 돼요. 부모들의 모순된 행동은 훈육이 아니라 자녀의 마음이 상처를 받고 분노만 가득하게 만들어요.

그래서 갈라디아서 4장 19절은 이렇게 말씀해요.

"나의 어린 자녀들아,

너희 안에 그리스도가 형성될 때까지 내가 다시 산고를 치르노라."

(갈라디아서 4:19)

갈라디아서 2장 12-14절에서 바울은 베드로의 위선을 책망했어요.

"당신은 유대인으로서 유대인처럼 살지 아니하고 이방인들의 방식을 따라 살면서 어떻게 이방인들을 유대인처럼 살도록 강요하느뇨?"

(갈라디아서 2:14)

부모들도 하나님 앞에선 하나님의 자녀들이에요. 그러므로 하나님의 자녀로, 하나님의 사람답게 성장하지 않은 부모가 자기 자녀들만 그렇게 훈육하고 징계한다면 그 모순된 행동으로 인해 자녀들은 혼란스러워해요.

20 하나님이 원하시는 자녀 교육은 어떻게 해야 할까요?

한나의 성전에서 자녀교육

엘가나에게는 한나와 브닌나라는 두 아내가 있었어요. 한나라는 이름의 뜻은 '풍성한 은혜'였어요. 브닌나는 '홍보석'이라는 뜻이었고요. 엘가나의 두 아내 중 브닌나에게는 자녀들이 있었지만 한나에게는 하나도 없었어요(삼상1:2).

하나님께서 브닌나에게는 많은 자녀를 주셨지만 한나에게는 태를 닫으셔서 자녀가 없게 하셨어요. 남편 엘가나는 제사를 드리는 날에 한나에게 제물의 분깃을 갑절이나 주었어요. 그러나 그런 제물의 분깃이 상처받은 마음을 위로하거나 치유할 수 없었어요. 그러던 중 자녀가 많았던 브닌나는 한나의 마음을 격동케 하였어요(삼상1:6).

마음에 심한 상처를 받은 한나는 성전에서 기도를 열심히 하였어요.

너무 열심히 기도한 나머지 미친 여인으로 오해까지 받았어요. 하지만 마침내 여호와 하나님께서 한나에게 사무엘을 주셨어요. '사무엘'이라는 이름의 뜻은 "내가 여호와께 그를 구하였다"에요. 여호와 하나님께 간구하자 주님께서 사무엘을 선물로 주셨어요.

한나는 하나님께서 자녀를 주시면 주님께 드리겠다고 서원을 하였어요. 그리고 하나님께서 자녀를 주셨을 때, 젖을 뗀 후에는 더 이상 품에 품지 않고 하나님께 드렸어요. 어느 어미가 자녀를 품에서 떼어 놓는 것이 쉬울까요? 하지만 한나는 사무엘을 하나님의 성전에서 자라게 하였어요. 아이가 자라가는 모습을 보며 어미로서의 감격과 기쁨을 누리고 싶었겠지만, 하나님께 올려 드렸어요. 그렇게 사무엘은 영적으로 어두운 시대에 여호와 하나님의 음성을 들으며 자라갈 수 있었어요.

자녀 양육의 목적?

자녀에게 좋은 것을 경험하게 하는 이유가 무엇인가요? 공부를 열심히 잘하게 하는 이유가 무엇인가요? 경건한 자녀로 키우는 것인가요? 아니면, 돈을 잘 벌기 위한 수단인가요?

다윗은 "의인의 자식이 걸식함을 보지 못하였다"고 하였어요. 이처럼 우리도 우리의 자녀를 하나님 보시기에 의인으로 키워야 해요. 무엇보다 주님을 따르도록 키워야 해요.

데라와 그의 아들 아브라함은 우상 장사를 하는 동네에서 살았어요. 그러나 데라는 아브라함의 부르심과 사명을 위해 아브리함과 그 동네를 떠났어요. 우상을 팔며 많은 돈을 벌 수 있었지만, 하나님의 명령대로 지시할 땅으로 자녀와 떠났어요.

할례와 자녀교육?

그러면서 데라와 아브라함은 가는 곳마다 제단을 쌓았어요. 아브라함은 노년이지만 생식기를 끝을 잘라 내는 할례를 했었어요. 그 뒤 자녀 이삭은 생후 8일 후에 할례를 행하였어요. 할례의 뜻은 "자르다, 끊어 버리다, 베어 버리다."로써 의도는 인간의 생각을 끊어 버리고, 하나님의 말씀대로 양육하라는 뜻이에요.

말씀대로 양육하는 가장 좋은 방법

첫째, 예배를 드려야 해요. 이를 위해 어릴 때부터 주일 성수를 가르쳐야 해요. 이때 부모와 같이 예배를 드리면 좋겠어요. 0-4세 어린아이는 엄마와 떨어지면 불안 증상이 나타나는데 이때 받는 스트레스는 부모와 강제로 헤어지는 듯한 것과 같아요.

아이가 예배를 드릴 때마다 부모와 강제로 헤어져야 하는 것으로 여기게 된다면 아이는 당연히 예배가 싫을 것에요. 또한 교회는 엄마와 자신을 떨어뜨리는 곳이라는 부정적인 이미지로 인식될 거예요.

그렇기 때문에 어떤 면에서는 교회에서 예배드릴 때 탁아부 운영은 그리 좋지 않을 수 있어요. 아이에게 지속적으로 생이별을 하게 할 수 있기 때문이에요. 무엇보다 아이는 예배를 드리는 것이 아니므로 일반

탁아소 역할 뿐인 거예요.

　하지만 그렇다고 해서 부모와 같이 드리는 예배 시간에 자녀에게 장난감 등 놀잇거리를 제공해서 그 시간이 노는 시간으로 인식돼서는 안 돼요. 그리고 아기와 같이 예배하고 함께 있어야 할 부모가 너무 많은 교회 봉사로 자녀와 떨어져 있어도 안 돼요.

　교회 봉사로 섬기는 것도 중요하지만 자녀의 어린 시기는 정해져 있어요. 또한 부모야 말로 가장 사랑하는 마음으로 자녀를 신앙적으로 키우고, 정서적인 안정을 줄 수 있어요.

　"교회 일만 하면, 자녀가 잘된다!"는 말은 다시 한번 생각해 보아야 해요. 이 말은 아주 어린 아이(영아)를 키울 때에 해당하는 말이 아니에요. 어느 정도 부모와 떨어져도 되는 유치부 혹 초등부 나이가 되어 사회성을 갖게 된 이후에 부모가 교회 일에 전념해도 충분해요.

　너무 아이가 어릴 때 돌보지 않고 교회 일만 한다고 주님께서 모두 책임져 주시는 것이 아니에요. 하나님께서 자녀를 허락하신 것은 잘 돌보고, 잘 보살피라고 하신 거예요. 그 아이를 두고 다른 일에 빠지면 안 돼요.

　둘째, 주일을 기쁜 날로 만들어야 해요. 부모와 같이 예배하고 과하지 않는 한도에서 아이가 좋아하는 음식을 함께 먹으면 좋겠어요. 주일 예배 후 가족과 함께 식사하며 주일을 즐거워하고 기뻐하는 거예요. 주일은 기쁜 날이에요. 자녀에게 용돈을 줄 나이가 되면 주일에 주는 거예요.

　셋째, 밥상머리 교육을 해야 해요. 유대인들은 지금도 밥상머리 교육을 해요. 자녀와 함께 식사하면서 최대한 삶을 나누는 것이지요. 이때 가르쳐 주어야 할 것도 가르치고 아이의 이야기를 들어주며 대화를 하는 거예요… 자라는 아이는 부모의 사랑을 받고, 부모에게 많이 배우고 같이하는 시간이 필요해요.

생후 16개월이면 숟가락을 자기가 잡을 수 있어요. 이때 직접 먹게 해 보면 좋을 거 같아요. 테이블이 지저분해진다고 먹여주면 안 돼요. 그렇게 하면 테이블은 깨끗할지라도 교육은 하지 못해요. 그리고는 혼자 했을 때 "잘했다!" 칭찬과 격려를 해 주어야 해요.

그리고 16개월이 되면서부터 차츰 자기 고집이 생기는데 그때부터 떼를 쓰며 울기도 해요. 밥상에서 자기주장을 펴기도 해요. 그러나 참을성을 가지고 아이에게 어떻게 해야 하는지 설명하며 고집이 왜 문제가 되는지, 어떻게 해야 하는지 가르쳐야 해요.

넷째, 생활예배를 드리려고 해야 해요. 주일만 예배를 드리는 것이 아니라 살아가면서 어떻게 살아야 할지 부모가 알려 주고 가이드를 해 주어야 해요. 엘리의 아들들은 불량자라 하나님을 알지 못하였어요. 바로 엘리가 자녀를 교훈으로 훈육하지 않았기 때문이에요. 그 결과, 엘리 가정은 하나님의 심판을 받았어요.

다섯째, 물건을 사고 싶어 할 때 거절도 함께 가르쳐야 해요. 어떤 부모는 아이가 울거나 아예 드러누우면 무조건 사주는데 그것은 바르지 않아요. 그렇게 하면 아이는 자기가 울면 부모가 사 준다는 것을 인식하고 점점 더 울고 고집을 피우기 시작할 거예요. 부모가 잠시 잠깐의 위기를 모면하려고 사주면 안 돼요.

일관된 교육을 해야 하고요. 거절도 할 줄 알아야 하고, 왜 안 되는지 설명을 해 주어야 해요.

전은정 사모님의 글

찬양 사역자 이길우 목사님의 사모님 글이에요. 어린 자녀안에 있는 다스려져야 할 죄성에 대해 이야기해요.

인간적인 생각으로 바라볼 땐
우리 주변에 일어나는 모든 것들이
내게 합당하지 않고 부당한 것들이 대부분이다

또 다른 측면으로는
우리 주변에 일어나는 모든 것들이
순적하게 흘러가며 평탄한 것처럼 보인다

그러나 주님의 눈으로
주님의 생각으로 주님의 기준으로 바라봤을 때는

부당하고 합당하지 않은 것들이
긍휼과 사랑이 필요한 상황이고
순적하며 평탄하고 평안한 것들이
하나님 나라의 평안과 많이 다름을 볼 수 있다

그래서 우리가 사는 세상은
우리의 기준대로 우리 뜻대로
바라보는 것이 전부가 아닌 것이다

그 너머에 있는 주님의 뜻을 발견하고

그 뜻대로 살아가려고 하는 우리의 결단과 다짐이 필요하다

사랑은 모든 것을 덮어주는 것이기도 하지만

사랑은 진리와 함께 기뻐한다

아이가 버릇이 없어지고

자기 멋대로 행하려고 할 때

특히 만 세 살 전 후로 이런 성향들이 나타나는데

그 때 아이가 원하는 대로 다 해주다 보면

아이는 부모를 조종하려고 하고

마음이 약한 부모는 그저 사랑이겠거니…라고 생각하며

아이에게 끌려 다닌다

자신의 고집이 꺾일 수도 있다는 것을

가르칠 시기를 놓치면

평생 그 영역에서 어려움을 겪게 된다

아이를 사랑하지만 역기능적인 기능이

마음과는 다르게 움직이게 되고

궁극적으로 그것은 사랑이 아니다

하나님은 우리의 아버지 되시고

우리를 가르치시길 원하신다

우리를 훈련시키시고 그 분의 길로 이끄시는
참 사랑의 아버지시다

그래서 내게 일어나는 상황
그 모든 것에 허락하시는
아버지의 뜻들이 담겨져 있고

성장하길 원하는 아이들은 성숙한 아이들은
그 뜻을 분별하며
그 뜻대로 자신의 방향을 돌이킨다

그것이 하늘아버지께서 행하시는 사랑이시다

그래서 아버지의 마음을 알고 나면
아버지의 뜻이 분별되고 나면
그 사랑에 감격할 수밖에 없고
우리를 사생아로 만드시지 않으시고
그렇게 해서라도 우리를 붙잡고 계시는
그 사랑에 감사할 수밖에 없다

상황과 환경만 바라보다 보면
낙심하기 쉽고 버려진 것 같은 느낌도 들 때가 있지만

예수 그리스도를 바라보고

그 분이 걸어가신 길을 묵상하다 보면

내게 허락하신 행복과 즐거움뿐만 아니라

힘든 상황과 어려움

이 모든 것은 축복이고

나를 부르신 아버지의 음성을 들을 수 있는

영광의 시간들이다

믿음의 주요 또 온전하게 하시는 이인 예수를 바라보자

그는 그 앞에 있는 기쁨을 위하여 십자가를 참으사

부끄러움을 개의치 아니하시더니 하나님 보좌 우편에 앉으셨느니라

(히12:2)

늘 "Yes"를 해 주는 것이 바르지 않아요. 아무리 어린 자녀라도 "No"를 배워야 절제도 배울 수 있어요.

사준 장난감을 가지고 놀다가 다른 아이와 싸우는 경우가 있어요. 이럴 때 "그 친구랑 놀지 마라!"고 해서는 안돼요. 그럼 친구가 원수가 되는 거예요. 생활 속에서 인내와 사랑을 가르치지 않으면 말씀이 뿌리를 내리지 못해요.

혹, 아이가 자신의 장난감을 빼앗겼을 때, 속상해하고 화를 낼 수도 있어요. 그러나 자녀에게 " 그 친구가 왜 그랬을까?" 생각해 보도록 해 주어야 해요. 그리고 그 친구를 위해서 기도하자고 해야 해요. 쉽게 판단하거나 정죄하도록 해서는 안 돼요.

자신의 자녀만 옳고, 다른 친구들은 다 틀리다는 이분법적인 사고로

가르쳐서는 안 돼요. 혹여나 정말 그 친구가 100% 잘못했을지라도 이런 과정을 통해 하나님의 성품이 만들어지도록 해야 해요.

예수님의 어린 시절 모델

누가복음 2장에는 예수님의 어린 시절이 나와요.

1) 태어난 후 1일째 누가복음 2장 7절은 예수님을 " 강보로 싸서 – 구유에 누였다."고 해요. 말씀을 수놓은 것으로 감쌌어요.

2) 8일 째 되는 날 누가복음 2장 21절은 할례를 행한 것을 말씀해요. 이 할례는 단순히 개인적인 일이 아니라 가족 3대가 참석한 가족의 큰일이었어요.

3) 태어난 지 30일이 되었을 때 유대인들은 당시 속전의식을 거행했어요.

4) 40일에는 정결의식을 행했어요. 40일에 '미크베'라는 정결의식을 행했어요(눅 2:22).

5) 전인격적(신체, 심적, 지적)으로 건강하게 성장하셨어요.

누가복음 2장 46-47절은 신체적으로 자라며 발달하였다고 했어요. 당시 종교인들과 토론을 할 정도로 심력이 대단하셨어요. 예수님은 그 키와 더불어 지혜가 자라간다고 하였어요. 이는 지적 사리판단능력이 더 좋아지셨다는 거예요.

51절에 이런 어린 시절을 겪은 예수님은 아기에서 점차 청소년기를 거쳐 성인 예수님이 되셨어요.

이 모델이 우리의 모델이 되어야 해요.

1) 그 지혜와 – 지력
2) 키가 자라가며 – 체력
3) 하나님과 – 영력
4) 사람에게 – 사회성
5) 사랑스러워 가시더라 – 존재

결국, 예수님께서는 지력, 체력, 영력, 사회성, 존재적으로 성숙하셨어요.

21
미디어 노출은 언제부터 시켜야 할까요? 미디어가 아이에게 정말 안 좋은가요?

믿음의 자녀로 키우기 위한 대가를 지불해야 해요.

연지의 간증

결혼하고 자녀를 낳고 양육하면서 하나님께서 제게 엄마라는 사명을 주셨다는 것을 깨닫게 되었어요. 저는 하나님께서 제게 맡기신 자녀를 하나님의 사람으로 양육하기 위해서는 많은 헌신이 필요하다는 것을 알게 되었어요. 그리고 무엇보다 나부터 말씀 앞에서 모범적으로 살아내야 함을 배워가고 있어요.

결혼 후, 1년 동안 자녀를 기다리면서 남편과 저는 여러 가지 양육 관점에 대해 통일을 시키려고 하였어요. 그리고 절대 타협하지 않아야 할 리스트들을 세우고 거기에 맞춰서 삶의 방식도 바꿨어요.

이 중에 가장 어려웠던 것은 미디어 금지 교육이었어요. 그 이유 중 하나는 아이의 자아가 형성되기도 전에 미디어에서 쏟아지는 것들을 무분별하게 받아들이는 것을 차단하고 싶었기 때문이에요.

저는 어릴 때 사랑과 전쟁이라는 이혼, 불륜 내용을 다룬 드라마를 좋아했어요. 그 드라마를 아무 생각 없이 보기 시작했고 막장을 달리는 순간의 스릴에 저도 모르는 사이에 중독되었던 것 같아요. 제가 예수님을 인격적으로 만나고 그 상황들을 다시 떠올리고 생각해볼 수 있는 시간이 있었어요.

그때 저는 그 드라마를 통해 제 의식 속에 가정에 대한 불신과 불안감들, 그리고 이성에 대한 왜곡된 생각들이 깊이 자리 잡혀 있었음을 깨달았어요. 그러한 깨달음으로 제 자녀 예슬이에게 미디어에 대해 철저히 하고자 했어요. 하나님의 자녀라는 정체성과 가치관들이 예슬이에게 튼튼하게 세워진 후 정말 필요한 교육용 미디어를 접하게 해주고 싶었어요.

그러나 시작은 쉽지 않았어요. 결혼하면서 아예 텔레비전을 사지 않았는데 우리 부부에게도 변화가 필요했어요. 주중에 떨어져 있는 남편과 영상통화를 해야 하는지 고민을 했어요. 교회 교역자님께 상담을 받아보니 아이들은 핸드폰 영상으로 아빠를 보여주면 어느 시기가 될 때까지는 아빠가 핸드폰 안에 들어있다고 생각한다고 하셨어요.

그렇기 때문에 영상통화도 하지 않는 것이 가장 좋다고 하셨어요. 그 후에 우리 부부는 예슬이에게 영상통화 대신 일반전화기로 아빠 목소리를 들려주는 것으로 대체했어요.

남편도 회사 일 가운데 핸드폰으로 상의하고 이루어지는 일들이 많아서 예슬이를 위해 지혜로운 방법을 찾고 구하는 것이 필요했어요. 그래서 생각한 것이 지금은 꼭 필요할 때 작은 방에 가서 하거나 예슬이가 잘 때 사용하고 있어요. 저는 출산 후 자연스럽게 핸드폰 사용이 줄어들어 아이가 잘 때 주로 필요한 것을 사용하는 편이에요.

하지만 이러한 저희 부부의 변화에 대해서 양가 부모님을 설득해야 했어요. 양가 부모님께 양육의 방향성과 관점에 대해서 말씀을 드리고 양해를 구했어요. 친정에는 제가, 시댁에는 남편이 설득했어요.

오랫동안 텔레비전을 친구처럼 여겼던 어른들은 받아들이기 어려워하셨어요. 양가 부모님들의 마음을 위해 우리 부부는 많은 기도가 필요했어요. 시부모님과 합의점을 찾는 데까지는 거의 6개월이 걸렸는데 그 시간 동안 저는 남편에게, 남편은 시부모님께 수없이 같은 이야기를 반복하며 양해를 구해야 했어요.

특히나 저는 주말에만 남편이 집에 오기 때문에 주중에 일어나는 일들에 대해서 마음 상하지 않도록 말씀을 드리는 것이 너무 어렵고 불편했어요. 더욱이 어머님은 우리 세대보다도 더 많은 부분에서 핸드폰을 활용하셨기에 받아들이기가 어려우셨던 것 같아요. 그러나 예슬이가 19개월이 된 지금은 양가 부모님 모두 예슬이에게 텔레비전과 핸드폰을 보여주지 않으세요.

예슬이에게는 동네에 믿지 않는 친구들이 2명 있어요. 셋은 자주 만나서 놀아요. 그중에 첫돌이 되기 전부터 핸드폰 영상에 지속적으로 노출이 된 아이가 한 명 있었어요. 집에서도 텔레비전을 하루 종일 틀어놓는다고 해요.

돌 전에는 셋이 만나도 큰 차이가 없어 보였지만, 돌이 지나고 자아가 형성되기 시작하면서 고집을 부리게 되는데요. 그 아이는 만나서 1시간 정도만 지나면 엄마 가방에서 핸드폰을 꺼내 와서 애니메이션 동영상을 틀어 달라고 떼를 썼어요. 그리고 이내 바닥에 누워버리는 등의 중독 증상을 나타냈어요. 그러나 이보다 더 심각한 것은 그것이 잘못된 것이라는 인지가 없다는 것이었어요. 세상은 이미 그것이 자연스럽고 당연한 현상이라고 믿고 있는 것 같았어요.

예슬이가 12개월쯤 되었을 때 병원에 3박 4일 정도 입원을 한 적이 있었어요. 처음에는 비용 때문에 4인실을 썼어요. 그런데 그 방을 보니 하루 종일 만화를 틀어놓고 애들이 멍하게 그것만 보고 있었어요. 아픈 아이들은 더 많이 보채기 때문에 텔레비전만큼 특효약이 없었어요.

우리 부부는 결단해야 했어요. 저는 비용이 문제가 아니라 예슬이의 사고와 가치관이 우선이고 큰 비용과 비교할 수 없다고 생각했어요. 그래서 남편과 상의를 하고 기도했어요. 그리고 1인실로 옮겨서 예슬이가 찬양과 기도로 아픔을 위로받을 수 있는 환경을 만들어 주었어요. 병원비는 하나님께서 채워주셨어요.

우리 부부는 미디어를 보여주지 않고 예슬이와 하루를 보내려면 더 많은 수고가 필요한 것을 느껴요. 식사시간이나 빨래 등 집안일을 할 때도 무엇이든지 함께해야 하기 때문에 시간이 많이 걸리고 귀찮을 수도 있어요. 그러나 하나님의 말씀을 더 많이 들을 수 있고 하나님을 향한 찬양을 더 많이 할 수 있어요. 하나님께서 주신 자연을 더 많이 보고 느낄 수 있어요. 어떤 일이 생겼을 때, 무엇을 해야 할 때 가장 먼저 하나님을 찾고 위로받고 의지할 수 있는 방법을 가르쳐주고 있다고 믿어요.

미디어의 위험

미디어 매체는 유익한 부분도 있어요. 그런데 세속적 문화의 실체를 알면 기가 막힐 때가 있어요. 단적인 예로 젊은이들이 좋아하는 레이디 가가를 인터넷에 쳐 보세요. 레이디 가가가 얼마나 동성애를 조장하는지, 그 여자의 인터뷰를 들어보면 인권(Human Right)이라고 하며 자신은 죽을 때까지 동성애를 확산시킬 것이라고 하였어요.

얼마나 지저분한 퍼포먼스를 하는지요. 영상을 보면, 공연 중 인육을 먹는 것도 있으며 피를 흘리면서 사탄을 찬양하는 것도 있어요. 인터뷰에서 언제 곡을 만드냐고 하니, 차를 타고 이동하면서도 곡을 만드는데, 루시퍼가 그것을 하도록 지시한다고까지 이야기해요. 사탄이 자기에게 만들라고 하기 때문에, 그 시간에 무조건 하라고 하면 해야 된다는 것이지요.

디즈니랜드 영화가 굉장히 긍정적이고 좋은 영향을 끼치는 것 같지만 조금만 검색해보면 디즈니랜드 영화를 만든 사람들 중에 사탄 주의자들이 상당히 많아요. 매트릭스 영화를 어떻게 만들었냐고 하니, '사탄이 그것을 주었고 자신은 그를 위해서 만들었다.'는 말을 실제로 공공연하게 했어요. 디즈니랜드의 만화에는 성기와 성 노출 등도 굉장히 많아요. 성적인 표현들은 아주 심각해요. 그것이 영화를 통해 문화라고 포장되어 우리에게 오는데 그것뿐 아니라 가요 안에, 춤 동작 속에도 성적인 자극과 노출이 있어요.

다 자란 어른들도 분별해서 보지 않으면 세뇌당하고, 조정 당할 수 있어요. TV는 자주 안 보는 것이 좋아요. 저희는 주중에는 TV를 보여주지 않고 주말에만 1-2 프로그램만 보여주고 있어요.

마돈나는 인터뷰에서 자녀들에게 절대 TV를 보여주지 않는다고 얘기했어요. 톰 크루즈도 절대 보여주지 않는다고 했고요. 위기의 주부들의 여배우 펠리시티 허프먼과 그의 남편은 디즈니 패밀리 닷컴이라는 사이트에서 자녀들에게 절대 TV를 보여주지 않는다고 고백했어요.

스티븐 스필버그 감독은 자기 자녀에게 오직 일주일에 한 시간만 TV를 허용한다고 했어요. '당신에게 빠졌어, Mad About You'라는 프로그램을 운영하고 많은 영화를 만들었던 헬렌 헌트라는 여인은 자녀에게 한 번도 TV를 보여주지 않았다고 말하였어요. 자기가 영화배우이고 TV에 방영을 하고 있지만, 자기는 자녀에게 절대 안 보여주는데 이유를 묻자 '자녀들을 향한 초토화 맹습을 허락할 수 없다'라고 이야기했어요.

슈퍼모델 신디 크로퍼드도 신문 기자에게 '나는 더 이상 아이들이 좋아하는 해나 몬태나를 보여주지 않을 것이다. 왜냐면 그것이 나의 딸에게 건방짐을 가르쳤기 때문이다'라고 했어요. 아이가 그것을 한 번 보고 굉장히 건방져졌다는 것이에요.

프랑스 사람들은 세 살 이하의 자녀에게 TV를 시청하게 하는 것이 좋지 않기 때문에 금지하였어요. 이것이 언론매체가 주는 위험 요소가 그 속에 있기 때문에 그런 것이지요. 얼마나 무서운지 몰라요.

하음이와 주예가 어린이집 졸업발표회를 한다고 해서 갔는데 깜짝 놀랐어요. 큰 홀에서 세 살, 네 살, 다섯 살 조그만 아이들이 가수들이 입는 옷을 입고 골반을 돌리면서 춤을 추는데, '이것이 어린아이들이 출 춤인가?' 싶었어요.

나이트클럽에 와 있는 느낌이 드는 찰나 사회자가 "어린아이들이 섹시하지 않나요? 박수를 주세요."하는데 그 노래들이 다 성인 가요였고, "이것이 아이들을 위한 교육인가?" 의문이 들었어요. 이건 아니다 싶어

선교 유치원에서 신앙적으로 키우려고 하고 있어요. 어린아이들에게 그런 춤을 추게 하고 그런 것을 가르치는 것이 용인되는 것이 지금의 교육이고 문화예요.

자녀에게 TV뿐만 아니라 스마트 폰을 내어 주는 것은 마치 우리 자녀를 세상과 세속 문화에 내어 주는 것과 별반 다를 바 없어요. 미디어의 홍수 속에 주님도 잃어버리고, 부모도 잃어버리는 상황으로 치닫게 될 수 있어요.

자녀를 주님 없는, 부모 없는 고아로 키우지 않도록 조심해야 해요. 스마트 폰이나 TV를 켜 주면 육아하기는 쉬워요. 그러나 과격한 영상에 지속적으로 노출되면 결국 평범한 일상과 삶에 적응하지 못해요.